I0465456

Dai File al Successo

Come Monetizzare i tuoi Contenuti Digitali

2024 Copyright: Tuunica Publishing

Tutti i diritti riservati
L'opera,compresa tutte le sue parti, e' tutelata
dalla legge sui diritti d'autore.

Tutti i diritti sono riservati. Nessuna parte di
questo libro puo'
essere riprodotta tramite alcun procedimento
meccanico,
fotografico od elettronico, o sotto forma di
regisstrazione fotografica:
ne' puo' essere immagazzinata in un sistema di
reperimento dati,trasmessso, od altrimenti
essere copiato per uso pubblico o privato,
escluso l' "uso corretto"
per brevi citazioni in articoli e riviste,senza
previa autorizzazione scritta dall' Autore.

SOMMARIO:

Capitolo 7: Crowdfunding e Donazioni 158

Capitolo 8: Sfruttare i Social Media 184

Capitolo 1: Introduzione alla Monetizzazione Digitale

La monetizzazione dei contenuti digitali è diventata una delle attività più rilevanti e dinamiche nel panorama attuale della comunicazione e del business online. Questo capitolo si propone di esplorare le basi della monetizzazione digitale, fornendo un'introduzione comprensiva e pratica ai principi fondamentali che ogni creatore di contenuti dovrebbe conoscere per trasformare la propria passione o competenza in un flusso di reddito sostenibile.

Cos'è la Monetizzazione Digitale?

La monetizzazione digitale si riferisce al processo attraverso il quale si convertono contenuti online in entrate economiche. Questi contenuti possono variare da testi, immagini, video, podcast, fino ai corsi online e alle app. L'era digitale ha democratizzato la creazione di contenuti, permettendo a chiunque con un'idea o una competenza di raggiungere un pubblico globale. Tuttavia, la vera sfida sta nel trasformare questo accesso in profitto.

Perché Monetizzare i Contenuti Digitali?

1. *Sostenibilità Economica*: La monetizzazione offre un modo per rendere sostenibile la produzione di contenuti di qualità. Senza un ritorno economico, molti creativi non avrebbero le risorse per continuare a produrre.
2. *Validazione del Lavoro*: Monetizzare il proprio lavoro è anche una forma di riconoscimento del valore intrinseco del contenuto creato. È una conferma che il tempo e le competenze investite hanno un valore per gli altri.
3. *Indipendenza Finanziaria:* Per molti, la monetizzazione dei contenuti rappresenta un'opportunità per lavorare in autonomia, senza la necessità di un impiego tradizionale.

Metodi di Monetizzazione

1. Pubblicità Online

La pubblicità è spesso il primo metodo che viene in mente. Piattaforme come Google AdSense consentono ai creatori di posizionare annunci nei loro siti o video. Le entrate derivano dai clic o dalle visualizzazioni degli annunci. Tuttavia, è cruciale bilanciare la presenza degli annunci per non degradare l'esperienza utente.

2. Affiliazione

Il marketing di affiliazione implica la promozione di prodotti o servizi di terze parti. Quando gli utenti acquistano attraverso i link forniti, il creatore riceve una commissione. Questo metodo è particolarmente efficace se il contenuto è correlato ai prodotti promossi.

3. Vendita Diretta
- - *Prodotti Digitali*: Ebook, guide PDF, modelli di design, video corsi, e software sono esempi di prodotti digitali che possono essere venduti direttamente ai consumatori.
- - *Abbonamenti:* Modello in cui gli utenti pagano un canone mensile o annuale per

accedere a contenuti esclusivi o servizi premium.

4. Crowdfunding e Supporto Diretto

Piattaforme come Patreon o Kickstarter permettono ai fan di finanziare direttamente i creatori. Questo può essere fatto attraverso abbonamenti, donazioni one-time o ricompense per il supporto.

5. Contenuti Sponsorizzati

Collaborazioni con brand per creare contenuti che promuovano prodotti o servizi. Questo richiede un pubblico stabile e fidato, poiché la credibilità è fondamentale.

Considerazioni Strategiche

- - _Qualità del Contenuto:_ Prima di monetizzare, è essenziale avere contenuti di alta qualità. La monetizzazione non funziona se non c'è un pubblico interessato.

- *- Conoscere il Pubblico:* Capire chi è il tuo pubblico, cosa vuole e come interagisce con i tuoi contenuti è vitale. Questo aiuta a scegliere il metodo di monetizzazione più appropriato.
- *- SEO e Visibilità*: Ottimizzare i contenuti per i motori di ricerca aumenta la visibilità, portando a più traffico, che è essenziale per la maggior parte delle strategie di monetizzazione.
- *- Diversificare le Entrate*: Non affidarsi a un singolo metodo di monetizzazione ma combinarne diversi può ridurre il rischio finanziario.

Sfide e Criticità

- *- Saturazione del Mercato*: Con l'aumento dei creatori di contenuti, distinguersi diventa più difficile. Innovazione e nicchia specifica possono essere strategie vincenti.
- *- Etica e Trasparenza:* I metodi di monetizzazione devono essere chiari e onesti. La fiducia del pubblico è

facilmente perduta se si percepisce una manipolazione o un eccesso di pubblicità.

- - *Evoluzione delle Piattaforme*: Le piattaforme cambiano le loro politiche, algoritmi e strumenti di monetizzazione. Restare aggiornati è essenziale per non perdere opportunità.

Conclusione

L'introduzione alla monetizzazione digitale ci porta a comprendere che, sebbene esistano numerosi metodi per guadagnare dai contenuti, il successo dipende da una combinazione di qualità del contenuto, conoscenza del pubblico, e strategia di marketing. La monetizzazione non è solo un obiettivo economico ma parte di un ecosistema più ampio di creazione, distribuzione, e interazione con un pubblico globale. Il viaggio "Dai File al Successo" inizia con la comprensione di questi principi di base, preparando il terreno per una discussione più approfondita nei capitoli successivi su come implementare e ottimizzare queste strategie nella pratica quotidiana del content creation.

1.1: Cosa Significa Monetizzare Contenuti Digitali: Definizione e Panorama Generale

Definizione di Monetizzazione Digitale

La monetizzazione dei contenuti digitali rappresenta il processo attraverso il quale si convertono le risorse digitali in entrate economiche. Questi contenuti possono includere testi, immagini, video, podcast, e qualsiasi altro formato digitale in grado di essere distribuito online. Il concetto si basa sull'idea che il lavoro creativo e il tempo investito nella produzione di contenuti di qualità possano generare un ritorno finanziario.

La monetizzazione non è semplicemente una vendita diretta; è un ecosistema complesso che può coinvolgere vari meccanismi di generazione di reddito, dalla pubblicità online alla vendita di prodotti digitali, dalla creazione di abbonamenti ai contenuti esclusivi, fino alla collaborazione con brand per contenuti sponsorizzati. La chiave è comprendere che la monetizzazione non è solo un fine, ma un mezzo per sostenere e ampliare la produzione di contenuti, rendendola un'attività economicamente sostenibile.

Evoluzione della Monetizzazione

L'era digitale ha trasformato radicalmente il modo in cui i contenuti vengono creati, distribuiti e consumati. Un tempo, la monetizzazione era limitata ai modelli tradizionali come la vendita di copie fisiche di libri o l'inserzione di pubblicità nei media tradizionali. Oggi, con l'accesso globale a Internet, le opportunità di monetizzazione si sono moltiplicate:

- - *Pubblicità Online*: Strumenti come Google AdSense permettono di inserire annunci nei siti web o nei video, pagando per clic o visualizzazioni.
- - *Marketing di Affiliazione:* Promuovere prodotti o servizi attraverso link di affiliazione, guadagnando una commissione sulle vendite generate.

- *- Prodotti Digitali:* Ebook, corsi online, guide PDF, e software sono esempi di prodotti digitali che possono essere venduti direttamente ai consumatori.
- *- Abbonamenti e Paywalls:* Offrire contenuti esclusivi dietro un abbonamento mensile o annuale, o mediante un paywall che limita l'accesso gratuito al contenuto.
- *- Crowdfunding e Supporto Diretto*: Piuttosto che vendere direttamente, i creatori possono ricevere sovvenzioni o donazioni da parte dei loro fan tramite piattaforme come Patreon o Kickstarter.

Panorama Generale della Monetizzazione Digitale

Il panorama della monetizzazione digitale è vasto e variegato, riflettendo la diversità dei contenuti stessi e il pubblico che li consuma:

- *- Democratizzazione della Creazione:* Grazie alla tecnologia, chiunque può diventare un creatore di contenuti e potenzialmente monetizzare il proprio lavoro. Questo ha portato a una saturazione del mercato, ma anche a una maggiore competizione che spinge alla qualità.

- - *Piattaforme e Algoritmi:* Le piattaforme digitali come YouTube, Instagram, e TikTok hanno i propri sistemi di monetizzazione, spesso basati sul coinvolgimento dell'utente e sulla conformità con le loro linee guida. Gli algoritmi di queste piattaforme determinano visibilità e, di conseguenza, potenziale di guadagno.
- - *Monetizzazione attraverso il Valore del Contenuto:* Non tutti i contenuti sono ugualmente monetizzabili. I contenuti di nicchia che rispondono a esigenze specifiche o che offrono valore educativo, intrattenimento o soluzioni pratiche tendono ad avere un alto potenziale di monetizzazione.
- - *Innovazione nei Modelli di Business:* La monetizzazione digitale ha visto l'emergere di modelli innovativi. Ad esempio, il modello "freemium" offre contenuti gratuiti con opzioni premium a pagamento, mentre altri modelli sfruttano la gamification o esperienze interattive per generare reddito.

- *- Evoluzione della Pubblicità:* Gli annunci pubblicitari si sono evoluti da semplici banner a formati più sofisticati come gli annunci in-stream, i contenuti sponsorizzati, e la pubblicità nativa, che si mescolano senza soluzione di continuità con il contenuto principale.
- *- Diritti e Copyright:* La gestione dei diritti digitali e il rispetto delle normative sul copyright sono fondamentali. La monetizzazione richiede che i creatori abbiano il controllo legale sui loro contenuti, o almeno i diritti per utilizzarli commercialmente.
- *- Economia dell'Attenzione:* Nel mondo digitale, l'attenzione è una risorsa scarsa. La capacità di catturare e mantenere l'attenzione del pubblico è direttamente proporzionale alla capacità di monetizzare. Questo porta a strategie di content marketing che mirano a costruire una relazione duratura con l'audience.

Considerazioni Finali

Monetizzare i contenuti digitali richiede una comprensione non solo delle tecniche disponibili, ma anche delle dinamiche sociali e tecnologiche che influenzano il comportamento online. È un processo che implica:

- - *Valore per l'Utente:* I contenuti devono offrire qualcosa di unico, educativo o divertente che giustifichi l'investimento economico.
- - *Innovazione e Adattabilità*: Le strategie devono adattarsi all'evoluzione delle piattaforme, degli strumenti tecnologici e delle preferenze del pubblico.
- - *Etica e Trasparenza:* Costruire una relazione di fiducia con l'audience è cruciale. La trasparenza riguardo alle sponsorizzazioni e agli interessi economici dietro i contenuti è fondamentale per mantenere l'integrità del creator e del brand.
- - *Diversificazione delle Fonti di Reddito:* Affidarsi a un singolo metodo di monetizzazione può essere rischioso. I creatori di successo spesso combinano diverse strategie per creare più flussi di reddito.

La monetizzazione digitale non è solo una transazione economica; è una parte integrante di un ecosistema di creazione, distribuzione e consumo che, se ben gestito, può offrire opportunità di crescita economica e culturale significative. Questo sottocapitolo ha posto le basi per comprendere cosa significa monetizzare i propri contenuti digitali, preparando il terreno per esplorare in dettaglio le varie strategie e i modelli di business nei capitoli successivi.

1.2: Perché è Importante Ora:

La crescita dell'era digitale e le opportunità di guadagno online

L'importanza dell'Era Digitale

L'era digitale, caratterizzata dalla rapida evoluzione e diffusione delle tecnologie dell'informazione e della comunicazione (ICT), non è solo un cambiamento tecnologico ma una vera e propria rivoluzione socio-economica. La digitalizzazione ha trasformato il modo in cui viviamo, lavoriamo e interagiamo, creando un nuovo ecosistema di opportunità che ha ridefinito il concetto di lavoro, business e consumo. Ma perché ora è particolarmente importante comprendere e sfruttare queste opportunità?

La Democratizzazione dell'Accesso

Uno dei principali motivi per cui monetizzare i contenuti digitali è diventato cruciale oggi è l'accesso democratizzato alle risorse digitali. Con oltre 5 miliardi di utenti Internet nel mondo, c'è una base di pubblico vastissima e diversificata che può essere raggiunta attraverso il web. Questo accesso universale permette a chiunque di creare, distribuire e monetizzare contenuti senza le barriere geografiche e finanziarie che esistevano in passato.

Accelerazione Post-COVID

La pandemia di COVID-19 ha agito come un acceleratore naturale della digitalizzazione. Le restrizioni fisiche hanno costretto aziende e singoli a migrare online non solo per mantenere le attività, ma anche per innovare. Le vendite online, l'adozione di sistemi di pagamento digitali, e l'incremento dell'uso delle piattaforme digitali per lavoro, educazione e intrattenimento hanno visto un'impennata senza precedenti. Questo ha creato un terreno fertile per nuovi modelli di business e monetizzazione online, rendendo più urgente che mai per i creatori di contenuti adattarsi a questo nuovo paradigma.

La Crescita delle Infrastrutture Digitali

L'investimento in infrastrutture digitali, come la banda larga, il 5G e le reti ultraveloci, ha facilitato un ambiente dove i contenuti digitali possono essere distribuiti rapidamente e senza interruzioni. Progetti come il Piano Nazionale di Ripresa e Resilienza (PNRR) in Italia, che stanzia fondi significativi per la digitalizzazione, sottolineano l'impegno governativo verso una translzione digitale completa. Questo non solo migliora l'accesso ma anche la qualità dell'esperienza digitale, che è fondamentale per la monetizzazione efficace.

Opportunità di Guadagno Online Diversificazione dei Modelli di Monetizzazione
L'era digitale ha introdotto una pluralità di

metodi per guadagnare online:

- *- Pubblicità Online*: Con piattaforme come Google AdSense, i creatori possono guadagnare attraverso la visualizzazione o i clic sugli annunci pubblicitari.
- *- Marketing di Affiliazione*: Promuovere prodotti o servizi tramite link di affiliazione, diventando un canale di vendita per marchi o aziende.
- *- Abbonamenti e Paywalls:* Offrire contenuti esclusivi tramite abbonamenti mensili o annuali, un modello adottato con successo da piattaforme come Patreon o Substack.
- *- Vendita Diretta di Prodotti Digitali*: Ebook, corsi online, software, musica digitale, e altro possono essere venduti direttamente ai consumatori.
- *- Crowdfunding:* Siti come Kickstarter o Patreon permettono di finanziare progetti direttamente dalla comunità di fan o sostenitori.
- *- Contenuti Sponsorizzati e Collaborazioni:* Influencer e creatori di contenuti possono collaborare con marchi per promuovere prodotti, spesso in cambio di compensi o prodotti gratuiti.

Innovazione e Nicchia

L'accesso globale a Internet ha permesso la crescita di nicchie di mercato che prima erano inesplorate. I creatori possono ora concentrarsi su specifici interessi o necessità, costruendo comunità attorno a questi. La capacità di trovare e servire nicchie non solo facilita la monetizzazione ma rende anche possibile differenziarsi in un mercato saturato.

Economia delle Micro-Transazioni

Con l'avvento dei micropagamenti e delle piattaforme che facilitano transazioni di piccoli importi, i creatori possono monetizzare anche i più piccoli frammenti di contenuto, come articoli, video brevi, o anche singole opere d'arte digitali, rendendo possibile un flusso di entrate costante e diversificato.

Sfide e Considerazioni

Nonostante le opportunità, la monetizzazione digitale presenta anche sfide:

- - *Saturazione*: Con l'aumento del numero di creatori, distinguersi è più difficile, richiedendo creatività e innovazione continua.
- - *Regolamentazione:* La regolamentazione digitale, come la GDPR in Europa, impone obblighi legali che i creatori devono rispettare, specialmente riguardo alla privacy e ai dati degli utenti.
- - *Economia dell'Attenzione*: In un mondo dove l'attenzione è una risorsa scarsa, la qualità del contenuto e la sua capacità di catturare e mantenere l'interesse sono cruciali.
- - *Evoluzione Rapida*: Le tecnologie e le piattaforme cambiano rapidamente, richiedendo ai creatori di essere sempre aggiornati e pronti a adattarsi.

Conclusione

La crescita dell'era digitale ha creato un ambiente dove la monetizzazione dei contenuti online non è solo possibile, ma spesso necessaria per mantenere la sostenibilità economica della creazione di contenuti.

L'importanza di capire e sfruttare queste opportunità è accentuata dalla velocità con cui il mondo sta cambiando. Con l'incremento della penetrazione di Internet, la crescita delle infrastrutture digitali, e l'evoluzione dei modelli di business, ora è un momento eccellente per chiunque abbia la creatività, la dedizione e le competenze necessarie per trasformare i propri contenuti digitali in successo economico. Tuttavia, il successo richiede una comprensione profonda delle dinamiche di mercato, delle tecnologie emergenti, e delle esigenze del proprio pubblico.

1.3: Chi può Monetizzare:

Non solo per influencer, ma per tutti i creatori di contenuti

La monetizzazione dei contenuti digitali è spesso associata all'immagine degli influencer, quei personaggi con milioni di follower che sembrano vivere di collaborazioni e sponsorizzazioni. Tuttavia, il panorama digitale è molto più ampio, e la possibilità di guadagnare dai propri contenuti non è limitata a chi ha una schiera di seguaci. Questo sottocapitolo esplora chi può monetizzare nel mondo digitale, evidenziando che chiunque produca contenuti di valore ha la possibilità di trasformare la propria passione in reddito.

La Democratizzazione della Monetizzazione

Con l'evoluzione delle piattaforme digitali e degli strumenti di monetizzazione, il concetto di chi può guadagnare online si è espanso. Ecco alcune categorie di creatori che possono monetizzare:

1. Micro-Influencer e Nano-Influencer:

- *- Micro-Influencer* (da 10.000 a 100.000 follower): Hanno un pubblico più piccolo ma spesso più coinvolto rispetto ai mega-influencer. Questo li rende attraenti per le aziende che cercano autenticità e un engagement più alto. Possono guadagnare attraverso post sponsorizzati, collaborazioni, affiliate marketing, o addirittura vendendo prodotti personalizzati.
- *- Nano-Influencer* (fino a 10.000 follower): Anche con un seguito minore,

questi creatori possono avere un impatto significativo in nicchie specifiche. La loro piccola dimensione permette di costruire rapporti più personali con i follower, aumentando l'efficacia di promozioni mirate.

2. *Creatori di Contenuti Specializzati:*

- - *Educatori e Formatori:* Chiunque con competenze da insegnare, come i tutor di lingue, professionisti del fitness, o esperti di software, può creare corsi online, webinar, o materiali didattici digitali per monetizzare.
- - *Artisti, Musicisti e Fotografi:* Possono vendere opere digitali, stampe, musica, o offrire servizi personalizzati come ritratti o consulenze artistiche.
- - *Bloggers e Vlogger*: Anche con un blog di nicchia o un canale YouTube con un numero limitato di abbonati, è possibile guadagnare tramite pubblicità, affiliate marketing, abbonamenti, o contenuti sponsorizzati.

3. *Professionisti e Freelancer:*

- - *Sviluppatori di Software e Grafici*: Possono vendere app, temi, plugin, o

27

offrire servizi di design su piattaforme come Etsy, Envato Market o attraverso il proprio sito web.

- *- Consulenti e Coach:* Utilizzando piattaforme come Patreon o Substack, possono offrire consulenze, coaching, o contenuti esclusivi in abbonamento.

4. Comunità e Hobbisti:

- *- Gamer e Streamer:* Twitch, YouTube Gaming, e altre piattaforme permettono ai giocatori di guadagnare attraverso donazioni, abbonamenti, e pubblicità.
- *- Hobbies e Lifestyle*: Chiunque condivida una passione, che sia il giardinaggio, la cucina, o il fai-da-te, può monetizzare vendendo prodotti correlati, offrendo workshop online, o attraverso merchandising.

Metodi di Monetizzazione Accessibili a Tutti

La bellezza della monetizzazione digitale sta nella varietà di metodi disponibili, che non richiedono necessariamente un vasto pubblico:

- • - *Vendita Diretta di Prodotti Digitali:* Ebook, guide PDF, video corsi, e musica digitale possono essere venduti direttamente ai consumatori.
- • - *Abbonamenti:* Piattaforme come Patreon permettono di offrire contenuti esclusivi dietro un abbonamento mensile.
- • - *Affiliate Marketing:* Promuovendo prodotti o servizi di altri, si può guadagnare una commissione sulle vendite generate attraverso i propri link.
- • - *Donazioni e Crowdfunding:* Siti come Ko-fi, Buy Me a Coffee, o Kickstarter permettono ai creatori di ricevere supporto diretto dai loro fan.
- • - *Publicità*: Anche con un piccolo seguito, Google AdSense o programmi simili su altre piattaforme possono generare entrate, seppur modeste.
- • - *Contenuti Sponsorizzati*: Non è necessario avere milioni di follower; le aziende cercano spesso autenticità e nicchie specifiche per le loro campagne.

Considerazioni Chiave

- • - *Qualità su Quantità:* Il pubblico tende a

premiare la qualità del contenuto. Un creatore con un piccolo ma devoto seguito può avere un impatto maggiore rispetto a chi ha numerosi ma disinteressati follower.

- *- Engagement:* L'interazione con il pubblico è fondamentale. Un'alta percentuale di engagement può rendere un creatore attraente per le aziende.

- *- Diversificazione:* Non affidarsi a un unico metodo di monetizzazione ma combinarne diversi riduce il rischio e può aumentare il reddito.

- *- SEO e Visibilità*: Ottimizzare per i motori di ricerca può aumentare la visibilità, portando più traffico e potenziali guadagni.

- *- Autenticità e Trasparenza:* Mantenere una relazione genuina con il pubblico è cruciale. La trasparenza nelle collaborazioni commerciali aiuta a costruire fiducia.

- *- Regolamentazione e Diritti:* Capire le leggi sul copyright e le normative pubblicitarie è essenziale per evitare problemi legali.

Conclusione

La monetizzazione digitale non è più appannaggio esclusivo degli influencer con grandi seguiti. Ogni individuo che crea contenuti con passione, qualità, e un obiettivo chiaro può trovare il proprio spazio per monetizzare. L'era digitale offre strumenti e piattaforme accessibili che permettono a chiunque di trasformare il proprio lavoro creativo in un'opportunità economica. La chiave sta nel riconoscere il valore del proprio contenuto, nel costruire una comunità attorno ad esso, e nell'essere strategici su come si desidera guadagnare. Con dedizione e creatività, anche i piccoli creatori possono raggiungere il successo economico.

Capitolo 2: Preparazione al Successo

Introduzione

Nel panorama digitale contemporaneo, la creazione e la distribuzione di contenuti digitali sono diventate vie percorribili per ottenere successo economico. Tuttavia, la trasformazione di tali contenuti in una fonte di guadagno richiede una preparazione meticolosa e una strategia ben delineata. Questo capitolo esplora le basi fondamentali per prepararsi al successo nell'ambito della monetizzazione dei contenuti digitali.

1. Conoscere il Tuo Pubblico

Prima di poter monetizzare efficacemente i tuoi contenuti, è essenziale comprendere chi è il tuo pubblico.

- - *Analisi del Mercato:* Inizia con una ricerca di mercato per identificare interessi, esigenze e problemi del tuo pubblico target. Strumenti come Google Trends, Keyword Planner di Google Ads, e SurveyMonkey possono fornirti dati preziosi.

- - *Personas del Cliente:* Crea profili dettagliati dei tuoi potenziali clienti. Considera demografia, interessi, problemi che cercano di risolvere, e dove trascorrono il loro tempo online.
- - *Feedback Diretto*: Interagisci con i tuoi lettori o spettatori attraverso commenti, sondaggi o sessioni di Q&A live. La comprensione diretta del pubblico può guidare la tua strategia di contenuti.

2. Sviluppare un Piano di Contenuti

Un piano di contenuti ben strutturato è il cuore della tua strategia di monetizzazione.

- - *Calendario Editoriale*: Pianifica i tuoi contenuti con un calendario editoriale. Questo non solo garantisce costanza nella pubblicazione ma ti aiuta anche a coprire temi rilevanti nei momenti opportuni, come stagionalità o eventi specifici.
- - *Varietà di Formati:* Non limitarti a un solo tipo di contenuto. Video, podcast, articoli, infografiche, e-book, ognuno ha un suo pubblico. Diversifica per

33

massimizzare il raggio d'azione.

- *- SEO e Contenuti Evergreen*: Ottimizza i tuoi contenuti per i motori di ricerca, ma non dimenticare di creare contenuti 'evergreen', quei pezzi che mantengono valore nel tempo, attirando visite costanti.

3. Costruire un Brand Personale

Il tuo brand personale è la tua carta vincente nel mondo digitale.

- *- Unicità:* Trova ciò che ti distingue. Sei un esperto in un campo specifico? Hai uno stile narrativo unico? Questo deve trasparire in ogni contenuto.
- *- Consistenza:* Mantieni una coerenza visiva e di messaggio. Questo include loghi, colori, stile di scrittura, e tono della voce.
- *- Networking:* Collabora con altri creatori di contenuti. Le collaborazioni possono ampliare la tua visibilità e rafforzare la tua credibilità nel settore.

4. Strumenti e Tecnologie

Per prepararsi al successo, è fondamentale

avere strumenti adeguati.

- - *Strumenti di Creazione:* Scegli software per la scrittura, editing video o audio che ti permettano di produrre contenuti di qualità. Programmi come Adobe Premiere, Audacity, o anche strumenti gratuiti come Canva possono fare una grande differenza.
- - *Piattaforme di Distribuzione:* Decidi dove pubblicare. Oltre al tuo sito, considera piattaforme come YouTube, Medium, Patreon, o piattaforme di podcasting. Ognuna offre opportunità specifiche per monetizzare.
- - *Gestione del Contenuto*: Usa CMS come WordPress per facilitare la gestione e l'ottimizzazione del tuo sito.

5. Analisi e Feedback

Il successo non arriva senza monitoraggio e adattamento.

- - *Statistiche*: Usa strumenti come Google Analytics per monitorare come i tuoi contenuti performano. Quali articoli o video attraggono più visualizzazioni?

Qual è il tempo medio di permanenza?

- - *A/B Testing:* Prova diverse versioni di contenuti (titoli, immagini, call-to-action) per vedere cosa funziona meglio.
- - *Iterazione*: Basata sui dati raccolti, adatta e migliora i tuoi contenuti. La preparazione al successo implica una costante evoluzione.

6. Educazione Continua

Il mondo digitale evolve rapidamente.

- - *Corsi e Workshop:* Investi nella tua educazione. Le piattaforme come Udemy, Coursera, o persino YouTube offrono corsi su marketing digitale, SEO, e content creation.
- - *Comunità e Forum:* Partecipa a comunità online come Reddit, Quora, o gruppi LinkedIn dove puoi imparare dai successi e dagli errori degli altri.

Conclusione

La preparazione al successo nella monetizzazione dei contenuti digitali è un viaggio che inizia con la comprensione del tuo pubblico e si sviluppa attraverso la creazione di

36

un brand forte, l'uso degli strumenti giusti, l'analisi dei risultati, e l'educazione continua. Non si tratta solo di creare contenuti ma di costruire un ecosistema digitale che non solo attira ma anche mantiene e fidelizza i tuoi utenti. Ricorda, ogni contenuto che pubblichi è un mattone del tuo impero digitale; ogni interazione con il tuo pubblico è un'opportunità per rafforzare la tua posizione nel mercato. Con dedizione, strategia e un po' di creatività, il successo è non solo possibile, ma probabile.

2.1: Sviluppare Una Strategia:

Pianificare la propria nicchia e il pubblico target

Introduzione

La preparazione al successo nella monetizzazione dei contenuti digitali non può prescindere dalla definizione di una strategia solida. Una parte cruciale di questa strategia è la scelta della nicchia di mercato e la comprensione del proprio pubblico target. Questo sottocapitolo esplorerà come identificare e pianificare efficacemente queste due componenti chiave, che sono alla base di ogni campagna di marketing digitale vincente.

Identificare la tua nicchia di mercato

1. Ricerca di Mercato:
La prima fase per identificare la tua nicchia è una ricerca di mercato approfondita. Questa ricerca ti permette di:

- - *Capire le Tendenze:* Utilizza strumenti come Google Trends o SEMrush per analizzare quali argomenti stanno crescendo in popolarità. Questo non solo ti aiuta a individuare opportunità meno sfruttate ma anche a evitare di entrare in mercati già saturi.
- - *Valutare la Concorrenza:* Analizza chi sono i leader nel settore che ti interessa. Che tipo di contenuti producono? Come li distribuiscono? Qual è la loro strategia di monetizzazione? Strumenti come Fanpagekarma possono offrire insight preziosi sui contenuti che riscuotono maggior successo tra i competitor.
- - Segmentazione di Mercato: Dividi il mercato in segmenti più piccoli o nicchie.

Ad esempio, invece di "abbigliamento", potresti puntare su "abbigliamento sostenibile per atleti urbani". La segmentazione ti permette di trovare un angolo di mercato meno competitivo e più specifico.

2. Analisi delle Esigenze Non Soddisfatte:
Cerca di identificare problemi o desideri che il tuo potenziale pubblico ha e che non sono stati ancora soddisfatti o sono mal serviti:

- - *Forum e Social Media:* Piattaforme come Reddit, X (Twitter), o gruppi su LinkedIn possono rivelare quali sono le domande ricorrenti o i problemi che le persone cercano di risolvere.
- - *Feedback Diretto:* Se hai già un piccolo pubblico, chiedi loro direttamente cosa cercano, cosa non trovano nel mercato attuale, e quali sono le loro maggiori frustrazioni.

3. Passione e Competenza:
Scegli una nicchia in cui hai passione o competenza. Questo non solo rende il processo di creazione dei contenuti più autentico e

piacevole, ma anche più credibile agli occhi del pubblico:

- *- Esperienza Personale:* Se hai esperienza diretta con un argomento, usala per offrire consigli utili e unici.
- *- Formazione e Studio*: Se la tua passione è forte ma manca la competenza, investi in formazione per diventare un esperto riconosciuto.

Definire il Pubblico Target

1. Creazione di Personas:
Le personas sono rappresentazioni semi-fittizie del tuo cliente ideale. Per crearle:

- *- Dati Demografici:* Età, sesso, livello di istruzione, reddito, occupazione.
- *- Psicografici:* Interessi, valori, hobby, stile di vita.
- *- Comportamenti Online:* Canali preferiti per informarsi, tipi di contenuti che consumano, come acquistano o si informano su prodotti o servizi.

2. Utilizzo degli Strumenti di Analisi:

- *- Google Analytics:* Offre dati su chi

visita il tuo sito, includendo età, genere, interessi e comportamento.

- - *Social Media Insights*: Più piattaforme social offrono analisi dettagliate sul pubblico che interagisce con i tuoi contenuti.

3. Feedback e Interazione:
Non sottovalutare il potere del feedback diretto:

- - *Sondaggi e Questionari:* Strumenti come SurveyMonkey o Google Forms possono essere utilizzati per raccogliere informazioni specifiche dal tuo pubblico.
- - *Interazione sui Social Media:* Rispondere ai commenti, fare domande dirette, e analizzare le reazioni può darti una visione chiara dei desideri e delle esigenze del tuo pubblico.

Strategie per Coinvolgere il Pubblico Target
1. Content Marketing Mirato:
Una volta che hai definito il tuo pubblico, crea contenuti che rispondano alle loro domande e risolvano i loro problemi:

- - *Educazione:* Articoli, video tutorial, webinar che spiegano o insegnano

41

qualcosa di rilevante per la tua nicchia.

- *- Intrattenimento:* Contenuti che possono fare sorridere, rilassare o semplicemente distrarre il tuo pubblico, ma sempre inerente alla nicchia.

2. Personalizzazione:

- *- Linguaggio e Stile:* Usa un tono di voce che rispecchia il linguaggio del tuo pubblico. Se il tuo target è giovane e informale, lo stesso dovrebbe essere il tuo stile di comunicazione.
- *- Contenuti su Misura:* Offri personalizzazioni o contenuti esclusivi basati su dati raccolti dai tuoi utenti.

3. Uso dei Canali Giusti:

- *- Omnicanalità:* Assicurati che la tua presenza sia coerente su tutti i canali dove il tuo pubblico è attivo. Questo potrebbe includere blog, podcast, YouTube, TikTok, Instagram, o LinkedIn a seconda del target.
- *- SEO Localizzata:* Se il tuo pubblico è geograficamente concentrato, considera l'ottimizzazione per ricerche locali.

Conclusione

Pianificare la propria nicchia e il pubblico target è un processo dinamico che richiede costante adattamento e riflessione. Non solo stai cercando di vendere contenuti, ma di costruire una comunità intorno al tuo brand, dove ognuno si sente riconosciuto e servito. La nicchia ti aiuta a concentrare le tue risorse dove puoi avere un impatto maggiore, mentre la definizione del pubblico target ti permette di comunicare in modo più efficace, personalizzato e, soprattutto, redditizio. Ricorda, la chiave per una buona strategia è l'ascolto: ascolta il mercato, ascolta i tuoi potenziali clienti, e usa queste informazioni per affinare la tua offerta. Nel mondo digitale, dove l'attenzione è la valuta più preziosa, chi riesce a catturare e mantenere l'interesse di una nicchia specifica spesso trova il successo.

2.2: Creazione di Contenuti di Valore:

Qualità contro Quantità e Come Distinguersi

Nella corsa al successo digitale, una delle questioni più dibattute è il rapporto tra qualità e quantità dei contenuti. In un mondo saturo di informazioni, come si fa a emergere? La risposta risiede nella creazione di contenuti di valore autentico e di alta qualità. Questo sottocapitolo esamina come la qualità possa superare la quantità, e quali strategie adottare per distinguersi in un mercato competitivo.

La Qualità sopra la Quantità

1. Definizione di Valore:
I contenuti di valore non sono solo ben scritti o esteticamente piacevoli; devono offrire qualcosa di unico o di particolarmente utile al pubblico. Questo potrebbe significare risolvere un problema, fornire informazioni non

facilmente reperibili altrove, o offrire un nuovo punto di vista su argomenti comuni.

- - *Approfondimento*: Al posto di tante informazioni superficiali, un contenuto di valore offre una profondità che soddisfa la curiosità del lettore.
- - *Utilità:* Contenuti che possono essere applicati praticamente nella vita quotidiana o lavorativa del lettore tendono a essere apprezzati e condivisi maggiormente.
- - *Emozione:* Coinvolgere emotivamente il pubblico è un altro fattore chiave. Storie personali, testimonianze, e narrazioni che suscitano empatia o ispirazione hanno un impatto duraturo.

2. La Sovrabbondanza di Contenuti:
Con l'avvento dei blog, delle piattaforme social e dei canali video, la quantità di contenuti online è esplosa. Questo ha portato a un paradosso: più contenuti ci sono, più difficile diventa per qualcosa di nuovo attirare l'attenzione.

- - *Il Rischio della Quantità:* Pubblicare spesso solo per riempire spazio porta a contenuti mediocri, che non solo non aggiungono valore ma possono anche danneggiare la percezione del brand o del creatore.

- *- Filtro di Qualità:* Gli algoritmi delle piattaforme digitali stanno diventando sempre più sofisticati nel riconoscere e promuovere contenuti di alta qualità, penalizzando quelli di bassa qualità.

Strategie per Creare Contenuti di Valore

1. Ricerca e Conoscenza del Pubblico:
Prima di creare contenuti, è essenziale capire chi è il tuo pubblico:

- *- Personas:* Crea profili dettagliati del tuo pubblico ideale. Cosa cercano? Quali sono i loro problemi? Qual è il loro linguaggio?
- *- Analisi dei Dati:* Utilizza strumenti analitici per comprendere quali contenuti hanno avuto successo in passato e perché.

2. Originalità e Innovazione:

- *- Innovare:* Pensa a come puoi

presentare informazioni in un modo che nessuno ha fatto prima. Questo potrebbe riguardare il formato, lo stile, o l'angolo di approccio.

- - *Unicità:* Forse hai una storia personale o un'esperienza che può offrire un punto di vista diverso o una soluzione innovativa.

3. *Produzione di Qualità:*

- - *Scrittura:* Investi nella scrittura professionale. Questo non significa solo grammatica corretta, ma anche un flusso narrativo che cattura e mantiene l'attenzione.
- - *Visual:* Anche i contenuti visivi devono essere di alta qualità. Grafici, video, immagini devono essere prodotti con cura, potenziando il messaggio scritto.
- - *SEO e Accessibilità:* Rendere i tuoi contenuti trovabili e accessibili a più persone possibile aumenta il loro valore percepito.

4. *Interazione e Feedback:*

- - *Comunità:* Crea una comunità intorno al tuo contenuto. Le interazioni con i lettori possono offrire spunti per nuovi contenuti di valore.

- - *Feedback:* Non temere il feedback negativo, utilizza ogni critica costruttiva per migliorare.

5. Coerenza Tematica e Stile:
Mentre la qualità è fondamentale, la coerenza nel tempo costruisce fiducia e riconoscibilità:

- - *Tematica:* Scegli un tema di nicchia in cui puoi eccellere ed essere riconosciuto come esperto.
- - *Stile:* Sviluppa uno stile che sia distintamente tuo, che si tratti di umorismo, profondità intellettuale, o semplicità.

6. Investimento in Strumenti e Tempo:

- - *Strumenti:* Non lesinare sugli strumenti che possono migliorare la qualità del tuo lavoro, sia che si tratti di software di editing video, corsi di scrittura, o strumenti di analisi.
- - *Tempo:* La qualità richiede tempo. Non affrettare la produzione per pubblicare di più; prenditi il tempo necessario per fare bene.

Come Distinguersi

- - *Autenticità*: In un mare di contenuti, essere autentici è la tua firma. Le persone si collegano a storie e voci reali.
- - *Evoluzione:* Non rimanere statico. Il tuo stile e il tuo approccio dovrebbero evolversi con il tuo pubblico e con le tendenze.
- - *Collaborazioni*: Lavorare con altri creatori o esperti può portare un diverso livello di qualità e attrarre nuovi segmenti di pubblico.

Conclusione

Distinguersi nel digitale non è una questione di quanti contenuti si producono, ma di quanto valore si riesce a trasmettere attraverso ogni pezzo. La qualità, l'originalità, e l'attenzione al pubblico sono i pilastri su cui costruire contenuti che non solo catturano l'attenzione ma che vengono ricordati e apprezzati. Creare contenuti di valore è un'arte che richiede tempo, pratica, e una sincera passione per il proprio campo. Con il giusto approccio, i tuoi contenuti non solo risplenderanno in mezzo alla folla, ma diventeranno una risorsa preziosa per chiunque li incontri.

2.3: SEO e Visibilità:

Ottimizzare contenuti per i motori di ricerca e per la visibilità sui social media

Nell'era digitale, la visibilità online è spesso sinonimo di successo economico. Un sito web o un blog ben posizionato sui motori di ricerca come Google può attrarre un vasto pubblico, incrementando le possibilità di monetizzazione. Allo stesso modo, la presenza efficace sui social media può amplificare la portata dei tuoi contenuti, creando engagement e fidelizzando l'audience. Questo sottocapitolo esplorerà come la SEO (Search Engine Optimization) e le strategie di visibilità sui social media possano lavorare in sinergia per ottimizzare i tuoi contenuti digitali.

L'importanza della SEO
Cos'è la SEO?

La SEO, o Search Engine Optimization, è il processo attraverso il quale si cerca di migliorare la posizione di un sito web o di una pagina nei risultati organici dei motori di ricerca. Questo significa non solo attirare più traffico, ma anche un traffico qualificato, interessato ai contenuti o prodotti offerti.

Elementi chiave della SEO

- *Ricerca delle Parole Chiave*:

- Identificare le parole chiave giuste è fondamentale. Questi sono i termini che gli utenti digitano sui motori di ricerca quando cercano informazioni o prodotti. Strumenti come Google Keyword Planner o SEOZoom possono aiutare a trovare parole chiave pertinenti con un buon volume di ricerca ma con meno concorrenza, seguendo la teoria della coda lunga.

- *Ottimizzazione On-Page:*

- *- Meta Tag*: Titoli SEO e descrizioni devono contenere parole chiave principali e attrarre l'attenzione degli utenti nella SERP (Search Engine Results Page).
- *- URL Strutturati*: URL chiari e comprensibili migliorano la user

experience e l'indicizzazione. Es. `www.tuosito.it/come-monetizzare-blogs` è preferibile a `www.tuosito.it/post123`.

- *- Contenuti di Qualità:* Google privilegia i contenuti che rispondono alle domande degli utenti, sono aggiornati e ben scritti. La lunghezza, la pertinenza e l'originalità del contenuto giocano un ruolo cruciale.

- *- Heading Tags:* Utilizzare tag H1 per il titolo principale e tag H2, H3 per sottotitoli aiuta a strutturare il contenuto, facilitando la lettura e l'indicizzazione.

- Ottimizzazione Off-Page:

- *- Link Building*: Acquisire backlink da siti autorevoli è una pratica SEO che aumenta la credibilità e l'autorità del tuo sito agli occhi dei motori di ricerca.

- *- Social Signal*: Anche se i social media non sono un fattore di ranking diretto, i segnali sociali (like, condivisioni, commenti) possono migliorare l'autorevolezza del tuo brand.

Visibilità sui Social Media
Integrazione SEO e Social Media

- *- Amplificazione del Contenuto:* I social media sono una piattaforma eccezionale per la distribuzione dei contenuti. Condividendo link ai tuoi articoli o post blog, puoi aumentare la visibilità e potenzialmente il traffico verso il tuo sito.
- *- Engagement:* L'interazione sui social media può influenzare indirettamente la SEO. Un alto engagement può portare a più backlink organici, dato che gli utenti potrebbero condividere il tuo URL o menzionarti in altri siti.
- *- Brand Awareness:* Essere attivo sui social media costruisce la consapevolezza del marchio, che a sua volta può influenzare positivamente la ricerca del brand, portando più traffico diretto.

Strategie per la Visibilità sui Social Media

- *- Contenuti Virali:* Creare contenuti che possano diventare virali è un'arte.

Utilizza immagini accattivanti, video, infografiche, e infondi umorismo o emotività dove appropriato.

- - *Hashtag:* Sfrutta gli hashtag per aumentare la scoperta dei tuoi contenuti. Ricerca hashtag rilevanti e di tendenza che possono connettere il tuo contenuto con un pubblico più ampio.

- - *Timing e Frequenza*: Pubblicare al momento giusto può fare una grande differenza. Analizza quando il tuo pubblico è più attivo e programma i post di conseguenza.

- - *Interazione con la Comunità*: Rispondi ai commenti, partecipa alle discussioni, e crea un senso di comunità. Gli utenti che si sentono ascoltati sono più propensi a condividere e interagire.

- - *Collaborazioni e Influencer:* Collaborare con influencer o altre entità può espandere la tua portata. Un influencer può condividere il tuo contenuto con un pubblico che potrebbe non conoscere ancora il tuo lavoro.

Sinergie tra SEO e Social Media

- - *SEO per le Pagine di Social Media:* Anche le pagine dei social media possono essere ottimizzate per la ricerca interna alla piattaforma. Utilizza parole chiave nei nomi dei profili, nelle descrizioni, e nei post per aumentare la possibilità di essere trovati.

- - *Uso delle Snippet*: Google a volte mostra snippet direttamente dai social media nei risultati di ricerca. Assicurarsi che i tuoi post siano ben ottimizzati può portare a un'esposizione extra.
- - *Feedback Loop:* I social media possono fornire feedback immediato sui contenuti che funzionano. Questo feedback può essere usato per migliorare la strategia SEO, ad esempio, identificando quali tipi di contenuto generano più engagement e quindi meritano un miglior posizionamento SEO.

Conclusioni

Ottimizzare per i motori di ricerca e per i social media non sono attività isolate ma parti di una strategia integrata di visibilità online. La SEO offre la base per essere trovato organicamente, mentre i social media offrono un palcoscenico per essere visto e condiviso. Un approccio olistico che combina le tecniche di SEO con la dinamicità dei social media può portare a una visibilità esponenziale, creando opportunità di monetizzazione attraverso traffico aumentato, engagement, e brand awareness. Ricorda, la chiave sta nell'offerta di contenuti di valore, nella comprensione del comportamento degli utenti, e nell'aggiornamento continuo con le tendenze e gli algoritmi dei motori di ricerca e dei social media.

Capitolo 3: Monetizzazione tramite Pubblicità

Nel vasto mondo del digitale, la pubblicità rappresenta uno dei metodi più tradizionali e tuttavia potenti per monetizzare i contenuti digitali. Questo capitolo esplora come gli autori e i creatori digitali possono sfruttare la pubblicità per trasformare il loro lavoro in una fonte di reddito sostenibile.

Introduzione alla Monetizzazione tramite Pubblicità

La monetizzazione attraverso la pubblicità si basa su un concetto semplice ma efficace: presentare annunci all'interno dei tuoi contenuti digitali (siti web, blog, canali YouTube, ecc.), in modo tale che ogni visualizzazione o clic su questi annunci generi un piccolo guadagno. Questo sistema è particolarmente vantaggioso perché non richiede necessariamente un prodotto o servizio proprio da vendere; basta avere traffico e un pubblico interessato.

Piattaforme di Monetizzazione

1

Google AdSense: Uno dei pionieri nel settore, AdSense consente ai publisher di visualizzare annunci pertinenti sui loro siti web. La piattaforma utilizza un'asta in tempo reale per determinare quali annunci mostrare, basandosi sul contenuto della pagina e sul profilo demografico del visitatore. Il guadagno avviene tramite CPC (cost per click) o CPM (cost per mille impressions), dove si viene pagati rispettivamente per ogni clic o per ogni mille visualizzazioni dell'annuncio.

- *Pro:* Facilità di integrazione, ampio network di inserzionisti, e supporto per vari formati di annunci (banner, video, testo).
- *Contro*: La concorrenza può ridurre i guadagni per CPM/CPC, e le politiche di Google possono essere rigorose.

2.

Reti Pubblicitarie Alternative: Oltre a Google AdSense, esistono altre reti pubblicitarie come *Media.net*, *AdThrive*, e *Sovrn*. Queste offrono vari modelli di monetizzazione e talvolta specializzazioni in nicchie specifiche, potenzialmente offrendo tassi migliori o formati pubblicitari più innovativi.

- *Esempio:* Media.net è noto per la pubblicità contestuale, dove gli annunci sono strettamente correlati al contenuto della pagina, aumentando così la pertinenza e il potenziale di guadagno.

3.
Sponsorship e Annunci Diretti: Molti creatori, una volta raggiunta una certa notorietà, optano per accordi diretti con le aziende per la sponsorizzazione. Questo può includere banner fissi, articoli sponsorizzati, o video in cui si promuove un prodotto o servizio.

- *Vantaggio:* Maggiore controllo sui contenuti pubblicitari e potenzialmente migliori tariffe negoziate direttamente.

Strategie per Ottimizzare i Guadagni

- *- Posizionamento degli Annunci:* Il posizionamento strategico degli annunci influisce drasticamente sull'engagement e quindi sul guadagno. Posizionare annunci vicino ai contenuti principali, ma senza ostacolare l'esperienza utente, è cruciale. Ad esempio, gli annunci sopra il fold (visibili senza scrollare) tendono a performare meglio.

- - *Format dei Contenuti:* I formati che trattengono l'utente più a lungo, come articoli lunghi, video in streaming o contenuti interattivi, offrono più opportunità per mostrare annunci. Gli annunci mid-roll nei video, ad esempio, possono essere inseriti a pause naturali.

- - *SEO e Traffico Organico:* Migliorare la visibilità del tuo sito attraverso l'ottimizzazione per i motori di ricerca (SEO) porta a un aumento del traffico, e di conseguenza, delle visualizzazioni degli annunci. Blog post ottimizzati per parole chiave pertinenti possono attrarre visitatori autenticamente interessati al contenuto, aumentando così la probabilità di clic sugli annunci.

- - *Qualità dei Contenuti:* Contenuti di alta qualità non solo trattengono il pubblico più a lungo ma attirano anche inserzionisti di qualità superiore. Un pubblico attento e coinvolto è più propenso a interagire con gli annunci.

Gestione e Analisi

- *- Utilizzo di Strumenti di Analisi*:
  Piattaforme come Google Analytics
  aiutano a capire il comportamento degli
  utenti sul tuo sito. Conoscere il tempo
  medio di permanenza, le pagine più
  visitate, e il tasso di rimbalzo aiuta a
  ottimizzare dove e come posizionare gli
  annunci.
- *- AdBlockers e Contenuti Premium:* Con
  l'aumento dell'uso di AdBlockers, alcuni
  siti offrono contenuti premium o la
  possibilità di visualizzare il sito senza
  pubblicità per un piccolo abbonamento.
  Questa dualità può incrementare i
  guadagni sia tramite abbonamenti che
  attraverso pubblicità mirata a chi non
  paga per rimuoverla.

Considerazioni Etiche e di User Experience

- *- Equilibrio:* Troppi annunci possono
  degradare l'esperienza dell'utente,
  portando a un aumento dei tassi di
  uscita e a minori interazioni con gli
  annunci. È vitale trovare un equilibrio
  che rispetti l'utente ma monetizzi
  efficacemente.

- *- Trasparenza:* Informare gli utenti sulla presenza di contenuti sponsorizzati o partnership mantiene la fiducia del pubblico. La trasparenza è non solo eticamente corretta ma anche legalmente richiesta in molte giurisdizioni.

Conclusione

La monetizzazione tramite pubblicità, se gestita correttamente, può trasformare un semplice blog o canale YouTube in una fonte di reddito significativa. Tuttavia, richiede una comprensione profonda delle dinamiche del web, del comportamento dell'utente, e delle tendenze di mercato. Combinare una strategia pubblicitaria con altre forme di monetizzazione, come gli abbonamenti o il marketing di affiliazione, può creare un flusso di entrate più stabile e meno vulnerabile alle fluttuazioni del mercato pubblicitario. Ricorda, il successo nella monetizzazione attraverso la pubblicità non deriva solo dall'incremento del traffico, ma anche dalla qualità del traffico e dall'attenzione alla user experience.

3.1: Google AdSense:

Come Funziona, Come Iscriversi, e Come Ottimizzare il Tuo Sito Per Massimizzare i Guadagni

Introduzione a Google AdSense

Google AdSense è uno dei più noti e utilizzati programmi di monetizzazione attraverso la pubblicità per i creatori di contenuti online. Lanciato nel 2003, AdSense consente ai proprietari di siti web di guadagnare mostrando annunci pubblicitari rilevanti accanto ai loro contenuti. Questo sottocapitolo esamina come funziona AdSense, il processo di iscrizione, e le strategie per ottimizzare un sito web al fine di massimizzare i guadagni.

Come Funziona Google AdSense

AdSense opera su un modello di revenue sharing basato su una piattaforma di aste pubblicitarie. Fondamentalmente:

- - *Asta in Tempo Reale:* Quando un visitatore carica una pagina del tuo sito,

AdSense avvia un'asta in tempo reale tra gli inserzionisti interessati a pubblicare sul tuo sito. Gli annunci vengono quindi selezionati in base all'offerta più alta e alla pertinenza con il contenuto della pagina.

- - *Tipi di Annunci:* AdSense offre diversi formati di annunci, tra cui testo, immagini, video, e annunci nativi. Gli annunci possono essere visualizzati su desktop, tablet, e smartphone, adattandosi automaticamente al dispositivo.
- - *Pagamenti:* I guadagni derivano dai click sugli annunci (CPC - Cost Per Click) o dalle visualizzazioni (CPM - Cost Per Thousand Impressions). Google paga i publisher (i proprietari dei siti) una percentuale delle entrate dagli inserzionisti, tipicamente il 68%.

Processo di Iscrizione

1. *Creazione di un Account Google*: Se non hai già un account Google, dovrai crearlo. Questo ti darà accesso a tutti i servizi Google, inclusa AdSense.
2. *Visita AdSense:* Vai su adsense.google.com e clicca su "Iscriviti ora".

3. _Dettagli del Sito:_ Inserisci l'URL del sito web che desideri monetizzare. Google revisionerà il sito per assicurarsi che aderisca alle sue politiche.

4. _Informazioni Personali e di Pagamento_: Fornisci informazioni personali, un numero di telefono, e un indirizzo postale per la ricezione dei pagamenti. L'indirizzo deve corrispondere a quello del conto bancario o del metodo di pagamento che desideri utilizzare.

5. _Verifica del Sito:_ Dopo l'approvazione, ti verrà chiesto di inserire un codice AdSense nel tuo sito per verificare la proprietà.

6. _Configurazione degli Annunci_: Una volta verificato il sito, puoi configurare i tuoi annunci scegliendo formati, stili, e posizionamenti.

Ottimizzazione del Sito per Massimizzare i Guadagni con AdSense

Per ottenere il massimo dai tuoi annunci AdSense, considera le seguenti strategie di ottimizzazione:

- _SEO e Traffico di Qualità:_

- • - *Contenuti di Qualità:* Pubblica contenuti unici, informativi e coinvolgenti. Contenuti di alta qualità attraggono e trattengono visitatori, aumentando le opportunità di click sugli annunci.
- • - *Ottimizzazione per Motori di Ricerca*: Usa tecniche SEO per migliorare la visibilità del tuo sito su Google, portando traffico organico e pertinente.

- Posizionamento degli Annunci:

- • - *Heatmap e Test A/B:* Utilizza strumenti come *"Heat Map"* per capire dove gli utenti interagiscono di più sul tuo sito. Posiziona gli annunci in queste aree "calde" senza compromettere l'esperienza utente. Fai test A/B per vedere quali posizionamenti ottengono migliori risultati.
- • - *Regola del 30-70*: Cerca di mantenere un equilibrio tra contenuto e pubblicità, con almeno il 70% del tuo contenuto visibile senza annunci intrusivi.

- Formati e Stili degli Annunci:

- • - *Annunci Reattivi e Automatici:* Google consiglia l'uso di annunci reattivi e automatici che si adattano a qualsiasi dispositivo, massimizzando la visibilità e il potenziale di clic.

- *- Integrazione Visiva:* Gli annunci dovrebbero integrarsi con il design del tuo sito per evitare la "cecità da banner". Usa colori e font simili a quelli del tuo sito per aumentare la visibilità.

- Ottimizzazione per Dispositivi Mobili:

- *- Velocità del Sito*: Ottimizza il tuo sito per i dispositivi mobili, assicurandoti che si carichi rapidamente. Google fornisce strumenti come Test My Site per verificare la velocità.

- Analisi e Monitoraggio:

- *- Google Analytics:* Integra Google Analytics con il tuo account AdSense per monitorare il comportamento degli utenti. Questo aiuta a capire quali contenuti o pagine generano più entrate.
- *- AdSense Experiments*: Usa le funzioni di esperimento di AdSense per testare diverse configurazioni di annunci e vedere quale porta a maggiori entrate.

- Controllo degli Annunci:

- • *Blocco degli Annunci:* Se ci sono annunci che non si allineano con il tuo pubblico o che performano male, puoi bloccarli tramite l'Ad Review Center di AdSense.
- • *Targeting Contestuale:* Utilizza il Section Targeting per indicare a Google quali parti del tuo contenuto sono più rilevanti per il targeting degli annunci.

Conclusione

Google AdSense rappresenta una soluzione potente e accessibile per monetizzare i contenuti digitali. Tuttavia, il successo finanziario non arriva solo dall'adesione al programma ma richiede una combinazione di alta qualità dei contenuti, traffico di qualità, SEO, e una strategia ben ponderata per l'ottimizzazione degli annunci. Ricorda, mentre AdSense può essere una fonte di reddito significativa, la chiave è l'equilibrio tra monetizzazione e user experience. Troppo pubblicità può alienare i visitatori, mentre una strategia di annunci ben progettata può aumentare sia la soddisfazione dell'utente che i tuoi guadagni.

3.2: Piattaforme Alternative:

Esplorare altre reti pubblicitarie e quando sceglierle

Mentre Google AdSense rimane una delle soluzioni più popolari per la monetizzazione tramite pubblicità, esistono numerose alternative che possono offrire vantaggi unici in base alla tipologia di contenuti, al pubblico di riferimento, e agli obiettivi di business degli editori digitali. Questo sottocapitolo esamina alcune delle principali reti pubblicitarie alternative a Google AdSense, delineando i loro punti di forza, i modelli di monetizzazione che offrono, e le circostanze ideali per la loro adozione.

1. Media.net
Caratteristiche:

- - *Affiliata a Yahoo! e Bing:* Media.net fornisce accesso esclusivo alle ricerche di queste reti, offrendo una copertura diversificata rispetto a Google.
- - *Annunci Contestuali:* Specializzata in annunci che si integrano perfettamente con il contenuto del sito, aumentando la

pertinenza e potenzialmente le entrate per click.

Quando sceglierla:

- - *Se il tuo sito ha contenuti testuali*: Media.net è particolarmente efficace per siti con ricchi contenuti testuali dove la pertinenza degli annunci può essere massimizzata.
- - *Per diversificare il traffico:* Se desideri ridurre la dipendenza da Google e raggiungere un pubblico che utilizza Bing o Yahoo.

2. Ezoic

Caratteristiche:

- - *Ottimizzazione Automatica*: Ezoic utilizza l'intelligenza artificiale per ottimizzare la distribuzione degli annunci, migliorando l'esperienza utente e le entrate.
- - *Accesso a diverse reti*: Fornisce accesso a più reti pubblicitarie, inclusa Google AdX, senza la necessità di gestirle separatamente.

Quando sceglierla:

- - *Se hai bisogno di una gestione*

automatizzata: Ideale per chi preferisce un approccio più passivo alla gestione degli annunci.

- - _Per siti con alto traffico_: Ezoic è vantaggioso per siti con abbastanza traffico da beneficiare dell'ottimizzazione AI.

3. AdThrive

Caratteristiche:

- - _Focalizzazione sul Lifestyle:_ Particolarmente popolare tra i blog di cucina, viaggi e stili di vita.
- - _Assistenza Personale:_ Offre un supporto clienti di alto livello, con ottimizzazione manuale delle campagne.

Quando sceglierla:

- - _Se il tuo sito è nel settore lifestyle_: AdThrive eccelle con contenuti che attirano un pubblico interessato a stili di vita, cucina, viaggio, ecc.
- - _Per crescere rapidamente_: Se il tuo sito sta crescendo e necessita di un partner che possa ottimizzare i guadagni rapidamente.

4. PropellerAds

Caratteristiche:

- - *Varietà di Formati*: Offre annunci pop-under, notifiche push, banner, e altri formati creativi.
- - *Opzioni di Targeting:* Consente un targeting preciso basato su geografia, dispositivo, e comportamento online.

Quando sceglierla:

- - *Per formati non convenzionali:* Se vuoi sperimentare con formati pubblicitari diversi dai classici banner.
- - *Traffico mobile*: Ideale per siti con un'alta percentuale di visitatori mobili.

5. Mediavine

Caratteristiche:

- - *Requisiti di Traffico:* Richiede un minimo di 50.000 sessioni mensili per l'iscrizione, assicurando alta qualità del traffico.
- - *Alti tassi di CPM*: Conosciuta per offrire alcuni dei tassi di costo per mille (CPM) più alti del settore.

Quando sceglierla:

- - *Se hai un sito ad alto traffico*:

72

Mediavine è un'ottima scelta per siti che hanno superato la soglia richiesta e cercano di massimizzare le entrate per impressione.

6. Sovrn

Caratteristiche:

- *- Comunità di Editori:* Sovrn si concentra sull'aiutare editori indipendenti a monetizzare meglio i loro contenuti.
- *- Trasparenza e Controllo*: Offre strumenti per analizzare e ottimizzare le performance degli annunci.

Quando sceglierla:

- *- Per editori indipendenti:* Se valore la trasparenza e il controllo sulla monetizzazione dei tuoi contenuti.
- *- Per testare nuove strategie*: Sovrn permette di sperimentare con diverse strategie pubblicitarie grazie alle sue opzioni flessibili.

Considerazioni Generali per la Scelta

- *- Qualità del Traffico:* Diversi network pubblicitari hanno preferenze per la qualità del traffico. Ad esempio, Mediavine ha requisiti elevati in termini di numero di sessioni, indicando una preferenza per siti con un pubblico impegnato.

- - *Formati e Stili degli Annunci*: Considera se il network supporta i formati che desideri utilizzare. PropellerAds, ad esempio, è rinomato per i suoi annunci pop-under, che potrebbero non essere adatti a tutti i tipi di siti.

- - *Supporto e Assistenza*: Alcune reti come AdThrive offrono un supporto personalizzato, che può essere cruciale per siti in crescita o per quelli che necessitano di ottimizzazioni specifiche.

- - *Diversificazione:* Utilizzare più reti pubblicitarie può ridurre il rischio associato alla dipendenza da una singola fonte di entrate. Ezoic facilita questa diversificazione attraverso la sua piattaforma.

- - *Politiche e Requisiti:* Ogni rete ha le sue politiche di approvazione e requisiti di contenuto. Assicurati che il tuo sito aderisca a queste prima di applicare.

- - *Tecnologia e Integrazione*: Considera quanto facilmente si integra la rete pubblicitaria con il tuo sito. Ezoic, con la sua ottimizzazione automatica, potrebbe richiedere meno intervento manuale rispetto ad altre piattaforme.

In conclusione, mentre Google AdSense offre una copertura vasta e strumenti potenti, esplorare alternative come Media.net, Ezoic, AdThrive, PropellerAds, Mediavine, e Sovrn può portare a una monetizzazione più efficace e una migliore esperienza utente, specialmente se i tuoi contenuti o il tuo pubblico richiedono un approccio pubblicitario più mirato o innovativo. La scelta dipende non solo dall'analisi del traffico e del contenuto, ma anche dagli obiettivi di crescita a lungo termine del tuo sito web.

3.3: Pubblicità Nativa e Sponsorizzata:Collaborazioni con brand e post sponsorizzati

La pubblicità nativa e sponsorizzata rappresenta una delle strategie più sottili ed efficaci per monetizzare i contenuti digitali. Questo sottocapitolo esplora come i creatori di contenuti possono sfruttare le collaborazioni con i brand attraverso post sponsorizzati e come funziona la pubblicità nativa, fornendo un approccio che possa risultare sia remunerativo che autentico per il pubblico.

Pubblicità Nativa: Integrazione Naturale

Definizione e Caratteristiche:
La pubblicità nativa è progettata per fondersi con l'ambiente digitale in cui viene inserita, offrendo contenuti che appaiono come parte integrante dell'esperienza utente. A differenza degli annunci tradizionali, che possono interrompere l'esperienza di navigazione, la pubblicità nativa si presenta in modo meno invasivo, mantenendo l'attenzione dell'utente sul contenuto primario. Gli annunci nativi sono spesso trovati in piattaforme di content

76

discovery, come Taboola, dove gli articoli e i video sponsorizzati sono suggeriti in base alle preferenze dell'utente.

Vantaggi per i Creatori:

- *- Esperienza Utente Migliorata:* Siccome questi annunci si integrano senza soluzione di continuità con il contenuto esistente, c'è una minore probabilità che gli utenti utilizzino ad-blockers, migliorando così il ROI per gli inserzionisti.
- *- Relevanza:* La pubblicità nativa è spesso contestuale, basata sugli interessi o sul comportamento dell'utente, aumentando così la probabilità di engagement e conversione.
- *- Crescita della Fiducia:* Quando i contenuti sponsorizzati sono di alta qualità e pertinenti, possono rafforzare la fiducia dell'utente verso la piattaforma e, indirettamente, verso il marchio pubblicizzato.

Post Sponsorizzati: Collaborazioni con Brand
Modalità di Collaborazione:

- *- Influencer Marketing:* Coinvolgere

influencer o content creator di settore per promuovere prodotti o servizi attraverso i loro canali. Questo metodo sfrutta la credibilità e il seguito dell'influencer per raggiungere un pubblico specifico.

- - *Partnership con Brand:* Gli autori o siti web possono collaborare direttamente con le aziende per creare contenuti che promuovano prodotti o servizi. Questo può includere recensioni, tutorial, o storytelling che incorporano il prodotto in modo naturale.

Procedura per Creare Post Sponsorizzati:

1. *Selezione del Brand*: Scegliere marchi che allineano con l'etica, il pubblico e il contenuto del creatore. La coerenza è chiave per mantenere la fiducia dei follower.

2. *Contratto e Compenso*: Definire chiaramente le aspettative, i termini di pagamento (cash o in-kind), e le modalità di promozione. Alcuni content creator optano per prodotti gratuiti o sconti, mentre altri richiedono un compenso diretto.

3. *Creazione del Contenuto:* Il contenuto deve essere autentico e di valore per

l'audience. L'uso di hashtags come #ad, #sponsored, o frasi come "in collaborazione con" è essenziale per la trasparenza.

4. *Pubblicazione e Promozione:* Pubblicare il contenuto con la dovuta segnalazione di sponsorizzazione. Su piattaforme come Instagram, utilizzare strumenti come "Contenuti Brandizzati" per etichettare formalmente la collaborazione.

5. *Analisi e Feedback*: Misurare l'impatto della sponsorizzazione attraverso metriche di engagement, clic, o conversioni dirette. Questo feedback è cruciale per affinare future collaborazioni.

Best Practices:

- - *Trasparenza:* Essere sempre chiari riguardo alla natura sponsorizzata del contenuto. Questo non solo rispetta le normative ma mantiene anche l'integrità con il pubblico.
- - *Qualità del Contenuto:* Il contenuto sponsorizzato dovrebbe essere all'altezza degli standard del resto del materiale

pubblicato. Un contenuto di bassa qualità può danneggiare la reputazione.

- *Engagement:* Incoraggiare l'interazione con domande, sondaggi, o call-to-action per aumentare l'engagement e fornire valore aggiunto.

- *Monitoraggio Legale*: Assicurarsi che le collaborazioni rispettino le linee guida pubblicitarie, come quelle dell'IAP (Istituto dell'Autodisciplina Pubblicitaria) in Italia, per evitare sanzioni.

Conclusione

La pubblicità nativa e i post sponsorizzati offrono ai creatori digitali un modo sofisticato per monetizzare i contenuti senza compromettere l'esperienza utente. La chiave del successo risiede nella creazione di contenuti che rispecchiano i valori del brand e del creator, mantenendo sempre un alto livello di trasparenza e autenticità. Le collaborazioni devono essere strategiche, promuovendo prodotti o servizi che risuonano con l'audience, al fine di costruire relazioni di lunga durata sia con i brand che con i lettori o spettatori. Questo approccio non solo può aumentare le entrate ma anche consolidare la posizione del creatore come voce autorevole nel suo settore.

Capitolo 4: Marketing di Affiliazione

Il marketing di affiliazione rappresenta una delle strategie più efficaci e accessibili per monetizzare contenuti digitali online. Questo metodo di guadagno si basa sulla promozione di prodotti o servizi di terze parti, attraverso link di affiliazione, banner, o altri metodi di referral, in cambio di una commissione per ogni vendita, clic, o azione compiuta attraverso il tuo canale. In questo capitolo, esploreremo in dettaglio come funziona il marketing di affiliazione, quali sono le piattaforme più utilizzate, e come masslmizzare i guadagni attraverso questa strategia.

Come Funziona il Marketing di Affiliazione
Il marketing di affiliazione opera su un modello tripartito:

1. *Il Commerciante*: È l'azienda che offre il prodotto o servizio. Questi spesso hanno programmi di affiliazione che permettono ad altre persone di promuovere i loro

prodotti.

2. *L'Affiliato:* Sei tu, il content creator o marketer, che promuove i prodotti del commerciante. In cambio, ricevi una commissione sui lead o le vendite generate attraverso i tuoi link di affiliazione.

3. *Il Consumatore*: È l'utente finale che clicca sul tuo link di affiliazione e compra o compie un'azione desiderata, generando così una commissione per te.

Piattaforme di Affiliazione

Ci sono diverse piattaforme e network di affiliazione che facilitano queste collaborazioni:

- - *Amazon Associates:* Uno dei programmi di affiliazione più popolari, permette di guadagnare su ogni prodotto Amazon venduto attraverso i tuoi link. La commissione varia a seconda della categoria del prodotto.
- - *ShareASale*: Offre una vasta gamma di prodotti e servizi con cui affiliarsi, rendendolo ideale per trovare offerte che si adattano bene al proprio pubblico.
- - *ClickBank:* Specializzata in prodotti digitali come eBook, corsi online e software, ClickBank è famosa per le sue alte commissioni, spesso fino al 75% del

prezzo di vendita.

- *- Rakuten Advertising (ex Commission Junction)*: Un network che collabora con molte aziende di alto profilo, fornendo accesso a programmi di affiliazione robusti.
- *- VigLink:* Converte automaticamente i tuoi link in link di affiliazione, rendendo facile monetizzare contenuti senza dover gestire manualmente i link.

Strategie per il Successo nel Marketing di Affiliazione

Per avere successo in questa arena, consideriamo le seguenti strategie:

1. *Selezione dei Prodotti:*

- - Scegli prodotti correlati al tuo settore o nicchia. Se il tuo sito riguarda la tecnologia, promuovere prodotti tecnologici sarà più efficace.
- - Opta per prodotti di qualità che puoi autenticamente raccomandare. La fiducia del tuo pubblico è fondamentale.

2. *Contenuti di Valore:*

- - Crea recensioni, guide, e confronti dettagliati. I contenuti che offrono valore e risolvono problemi o domande specifiche del pubblico tendono a generare più clic e conversioni.

- - Utilizza il content marketing per educare il tuo pubblico su come i prodotti possono migliorare la loro vita o risolvere un problema.

3. *Ottimizzazione per le Conversioni:*

- - Posiziona i link di affiliazione strategicamente all'interno del contenuto, preferibilmente in modo naturale e non intrusivo.
- - Utilizza call-to-action chiare che incentivano i lettori a cliccare sui tuoi link.

4. *Diversificazione*:

- - Non concentrarti solo su una piattaforma o un solo prodotto. Diversificare le tue fonti di reddito affiliativo può ridurre i rischi se una fonte dovesse diminuire in performance.

5. *Trasparenza:*

- - Sii sempre trasparente riguardo ai tuoi link di affiliazione. Questo costruisce fiducia e rispetta le normative sulla pubblicità.

6. *Analisi e Monitoraggio:*

- • - Usa strumenti di analisi per monitorare quale contenuto performa meglio e quali prodotti generano più vendite. Strumenti come Google Analytics possono aiutarti a capire il comportamento degli utenti.

7. *Email Marketing:*

- • - Sfrutta una mailing list per inviare promozioni o recensioni di prodotti in modo più diretto. Le email possono essere molto efficaci se ben segmentate e personalizzate.

8. *SEO e Traffico Organico:*

- • - Ottimizza i tuoi contenuti per i motori di ricerca. Un buon posizionamento SEO non solo aumenta il traffico ma porta visitatori autenticamente interessati ai tuoi contenuti e, quindi, più propensi a cliccare sui tuoi link.

9. *Social Media:*

- • - Utilizza i social media non solo per

condividere contenuti ma anche per promuovere i tuoi link di affiliazione in modo creativo e coinvolgente.

Considerazioni Finali

Il marketing di affiliazione non è solo una questione di inserire link e sperare in vendite. È un'arte che richiede comprensione del proprio pubblico, creazione di contenuti di qualità, e una strategia di promozione pensata. La chiave sta nel costruire una relazione basata sulla fiducia con il tuo pubblico. Quando le persone vedono che raccomandi prodotti che autenticamente credi utili, sono più inclini a seguire i tuoi suggerimenti.

Ricorda, la persistenza è fondamentale. Le affiliazioni potrebbero non fruttare subito grandi guadagni, ma con il tempo, ottimizzazione continua, e una crescita costante del tuo pubblico, i benefici possono essere significativi. Inoltre, il marketing di affiliazione può essere integrato con altre forme di monetizzazione, come la pubblicità o la vendita diretta dei propri prodotti, per creare un flusso di reddito diversificato e sostenibile.

In conclusione, il marketing di affiliazione offre una strada accessibile per monetizzare contenuti digitali, ma richiede strategia, etica, e una dedizione al valore per il pubblico. Mantenendo questi principi in mente, puoi non solo guadagnare, ma anche costruire una reputazione come fonte affidabile di informazioni e raccomandazioni nel tuo settore.

4.1: Cosa è il Marketing di Affiliazione:

Introduzione al concetto e ai programmi più popolari

Il marketing di affiliazione è una strategia di marketing online in cui un'azienda paga una commissione a un affiliato per ogni visita, lead o vendita generata attraverso il proprio link di affiliazione. Questo modello di business si basa su una partnership win-win, dove sia l'affiliato che l'azienda traggono benefici economici. Ecco un'esplorazione dettagliata di questo concetto e dei programmi di affiliazione più popolari.

Introduzione al Marketing di Affiliazione
Il concetto di marketing di affiliazione è semplice ma potente. Fondamentalmente, funziona così:

- *- L'Azienda:* Offre un prodotto o un servizio. Può essere qualsiasi cosa, dai libri digitali ai servizi di abbonamento, dai prodotti fisici fino ai software.
- *- L'Affiliato:* È una persona o un'entità che promuove questi prodotti o servizi attraverso vari canali digitali come siti web, blog, social media, email marketing, ecc.
- *- Il Consumatore:* Trova il prodotto tramite il link dell'affiliato, effettua un acquisto, e l'affiliato guadagna una commissione su quella vendita.

Questa forma di marketing è attraente per diverse ragioni:

- *- Basso Rischio*: Gli affiliati non devono creare un prodotto; devono solo promuoverlo.

- • - *Alta Scalabilità:* Più traffico o conversioni, più guadagni senza necessariamente aumentare i costi.
- • - *Targeting Preciso:* Gli affiliati possono scegliere prodotti che si allineano al loro pubblico o nicchia, aumentando le probabilità di successo delle campagne.

Programmi di Affiliazione Popolari

Esistono numerosi programmi di affiliazione, ma alcuni dei più noti e ampiamente utilizzati includono:

1. *Amazon Associates*

- • - *Descrizione:* Amazon offre un vasto assortimento di prodotti, rendendola una delle piattaforme di affiliazione più accessibili.
- • - *Struttura delle Commissioni*: Le commissioni variano a seconda della categoria del prodotto, spesso tra il 1% e il 10%.

2. *Commission Junction (CJ Affiliate)*

- • - *Descrizione*: CJ è un importante network di affiliazione che collabora con marchi globali.
- • - *Vantaggi:* Offre strumenti avanzati

per il monitoraggio e l'analisi delle campagne.

3. ShareASale

- - _Descrizione:_ Simile a CJ, ShareASale offre un'interfaccia user-friendly e una vasta selezione di inserzionisti.
- - _Commissioni:_ Le commissioni variano ampiamente, con alcune offerte molto lucrative.

4. ClickBank

- - _Descrizione:_ Specializzato in prodotti digitali, principalmente eBooks e corsi online.
- - _Struttura delle Commissioni:_ ClickBank è noto per le sue alte percentuali di commissione, spesso fino al 75%.

5. Rakuten Advertising

- - _Descrizione_: Ex LinkShare, Rakuten offre un'ampia gamma di prodotti e servizi da promuovere.
- - _Vantaggi:_ Strumenti di marketing avanzati e un'ampia rete di inserzionisti.

6. eBay Partner Network

- •   - *Descrizione:* Consente di guadagnare commissioni per vendite o lead generati attraverso i link di eBay.
- •   - *Struttura delle Commissioni:* Basata sulla categoria e sul valore dell'acquisto, solitamente tra il 1% e il 4%.

7. Awin

- •   - *Descrizione:* Un altro network globale di affiliazione con un'ampia scelta di

   programmi.

- •   - *Vantaggi:* Supporto in diverse lingue, utile per mercati internazionali.

8. Shopify Affiliate Program

- •   - *Descrizione:* Permette di guadagnare promuovendo la piattaforma

   eCommerce Shopify.

- •   - *Commissioni*: Offre una commissione significativa per ogni nuovo cliente

   Shopify che si iscrive tramite il tuo link.

Come Funziona il Marketing di Affiliazione

1. *Iscrizione:* Gli affiliati si iscrivono a uno o più programmi di affiliazione.
2. *Selezione dei Prodotti:* Gli affiliati scelgono quali prodotti o servizi promuovere, spesso in base alla loro nicchia o al loro pubblico.
3. *Link di Affiliazione*: Ricevono link unici che tracciano le vendite o le azioni generate dal loro traffico.
4. *Promozione*: Utilizzano diversi metodi per promuovere questi link, come post di blog, video su YouTube, post su social media, o email marketing.
5. *Conversione*: Quando un consumatore compra o compie un'azione desiderata attraverso il link, l'affiliato guadagna una commissione.
6. *Pagamento:* Le commissioni vengono pagate periodicamente, spesso mensilmente, una volta raggiunta una certa soglia di guadagno.

Considerazioni Finali

Il marketing di affiliazione richiede inizialmente un investimento in termini di tempo e risorse per costruire una piattaforma o una presenza online in grado di attrarre traffico. La chiave del successo risiede nella scelta dei prodotti giusti da promuovere, nella qualità del contenuto che guida il traffico, e nella capacità di costruire fiducia con il proprio pubblico.

Inoltre, è importante rimanere aggiornati sulle tendenze del mercato, sulle nuove tecnologie e sulle strategie di marketing più efficaci. Il marketing di affiliazione non è solo una questione di piazzare link; si tratta di fornire valore, costruire relazioni e fare in modo che le raccomandazioni siano autentiche e utili per il pubblico di destinazione.

4.2: Selezionare Prodotti Pertinenti:

Come scegliere prodotti o servizi da promuovere

Nel panorama del marketing di affiliazione, la selezione dei prodotti o servizi da promuovere è cruciale per il successo. Non si tratta solo di scegliere ciò che si pensa possa vendere bene; è un processo che richiede analisi, intuizione e una profonda comprensione del proprio pubblico. Ecco come affrontare questo compito in modo strategico:

1. Conoscenza del Pubblico di Riferimento
Prima di scegliere un prodotto o servizio, è fondamentale conoscere chi sono i tuoi potenziali clienti. Questo non significa solo sapere la loro età, sesso o posizione geografica, ma anche comprendere i loro bisogni, problemi, interessi e come si comportano online.

- *- Analisi del Profilo del Cliente:* Utilizza strumenti di analisi web come Google Analytics per capire da dove proviene il tuo traffico, quali pagine sono più visitate e quali sono i percorsi di

94

navigazione preferiti. Questo ti aiuterà a identificare ciò che attira l'attenzione del tuo pubblico.

- *Ascolto Social:* Monitora le conversazioni sui social media per capire cosa cerca il tuo pubblico, quali sono le loro preferenze e quali prodotti o servizi menzionano frequentemente.

- *Feedback Diretto*: Quando possibile, raccogli feedback direttamente dai tuoi lettori o follower attraverso sondaggi, commenti o email. Questo può fornirti informazioni preziose su ciò che sono disposti a comprare.

2. Allineamento con il Contenuto

I prodotti o servizi scelti devono essere in armonia con il contenuto del tuo sito o del tuo canale. Se il tuo blog tratta di fitness, promuovere attrezzatura sportiva, integratori o programmi di allenamento avrà molto più senso che promuovere accessori per il giardinaggio.

- *Coerenza Tematica:* Assicurati che i prodotti si colleghino direttamente al tema principale del tuo sito. Questo non solo aumenta la probabilità di vendita, ma anche la fiducia del tuo pubblico verso le tue raccomandazioni.

- - *Qualità del Contenuto:* Promuovi solo prodotti che puoi autenticamente raccomandare. Il tuo pubblico si fida del tuo giudizio; consigliare prodotti di bassa qualità può danneggiare la tua reputazione.

3. Analisi del Mercato

Un'analisi di mercato dettagliata può rivelare quali prodotti stanno vendendo bene e quali trend stanno emergendo.

- - *Ricerca di Parole Chiave*: Utilizza strumenti come il Keyword Planner di Google per vedere quali termini di ricerca sono in aumento. Questo può indicare quali prodotti hanno un interesse crescente.
- - *Stagionalità:* Considera i cicli stagionali. Prodotti come decorazioni natalizie o costumi di Halloween potrebbero non essere redditizi tutto l'anno, ma durante i periodi giusti possono generare ottime commissioni.
- - *Tendenze di Mercato:* Siti come Google Trends o i marketplace online possono

darti una panoramica di ciò che è popolare. Anche le recensioni sui prodotti possono offrire spunti su cosa funziona e cosa no.

4. Valutazione della Commissione e del Programma di Affiliazione

Non tutti i programmi di affiliazione offrono la stessa struttura di commissione. Alcuni punti da considerare:

- *- Percentuale di Commissione*: Cerca prodotti con alte percentuali di commissione, soprattutto se i prodotti sono costosi. Tuttavia, bilancia questo con l'appeal del prodotto per il tuo pubblico.
- *- Durata del Cookie:* Più lunga è la durata del cookie, maggiore è la probabilità che tu riceva una commissione anche se l'acquisto non avviene immediatamente.
- *- Supporto e Risorse:* Un buon programma di affiliazione fornirà materiali promozionali, supporto e strumenti di monitoraggio. Questo può facilitare notevolmente la tua attività di promozione.

5. Competitività del Prodotto

Valuta quanto è saturo il mercato per il prodotto che vuoi promuovere.

- - *Analisi dei Competitori*: Guarda cosa promuovono i tuoi concorrenti. Se troppi affiliati promuovono lo stesso prodotto, potrebbe essere difficile distinguersi, a meno che non offri un valore aggiunto unico.
- - *Nicchie di Mercato:* Considera di promuovere prodotti in nicchie meno battute. Spesso, questi prodotti hanno meno concorrenza e un pubblico più focalizzato, che può tradursi in tassi di conversione più alti.

6. Prova e Iterazione
La scelta dei prodotti non è un processo una tantum. È importante:

- - *Testare Diversi Prodotti:* Non mettere tutte le uova in un unico paniere. Prova a promuovere diversi prodotti per vedere quali rispondono meglio al tuo pubblico.
- - *Monitoraggio delle Performance*: Usa strumenti di tracciamento per capire quali prodotti portano più conversioni.

Questo ti permetterà di affinare la tua strategia.

- *Feedback e Adattamento*: Sii pronto ad adattarti in base ai feedback e ai dati. Se un prodotto non performa come sperato, potrebbe essere il momento di cambiare strategia o prodotto.

7. Etica e Trasparenza

Infine, ma non meno importante, considera l'aspetto etico:

- *Divulgazione:* Sii sempre trasparente riguardo al fatto che stai guadagnando una commissione attraverso link di affiliazione. Questo costruisce fiducia.
- *Valore Aggiunto*: Offri valore reale con le tue raccomandazioni. Non promuovere solo per il guadagno personale, ma per risolvere o soddisfare un bisogno o un desiderio del tuo pubblico.

In conclusione, selezionare prodotti pertinenti per il marketing di affiliazione richiede un approccio metodico che combini la conoscenza del pubblico, l'analisi del mercato, la comprensione delle dinamiche del programma di affiliazione e un'etica solida. La chiave del successo sta nell'offrire valore autentico, che non solo genera vendite ma anche fedeltà e fiducia nel lungo termine.

4.3: Strategie di Posizionamento:

Dove e come inserire i link affiliati nel tuo contenuto

Il marketing di affiliazione è una strategia potente per monetizzare il tuo contenuto digitale, ma la sua efficacia dipende in gran parte da come e dove posizioni i tuoi link affiliati. Inserire questi link in modo strategico può fare la differenza tra una campagna di successo e una che passa inosservata. Ecco come puoi ottimizzare il posizionamento dei tuoi link per massimizzare le conversioni:

1. Integrazione Naturale nei Contenuti
- *Contenuti Testuali:*

- - *All'interno delle Recensioni:* Se stai scrivendo una recensione di un prodotto, inserisci il link di affiliazione nel punto in cui menzioni dove acquistare l'oggetto. Questo non solo sembra naturale ma è anche il momento in cui il lettore è più incline a fare un acquisto, avendo appena ricevuto informazioni dettagliate sul prodotto.

- - *Guide e Tutorial*: Quando fornisci istruzioni o consigli su come fare qualcosa, puoi consigliare strumenti o prodotti necessari, linkandoli. Ad esempio, in un tutorial su come piantare un giardino, potresti linkare attrezzi da giardino specifici.
- - *Liste di Raccomandazioni:* Creare elenchi come "Top 10" o "Le migliori scelte" per prodotti in una determinata categoria e inserire il link affiliato accanto a ciascun prodotto è una pratica comune.

- *Uso delle Call-to-Action:*

- - Posiziona le CTA strategicamente, come alla fine di un paragrafo o subito dopo un punto chiave che potrebbe spingere all'acquisto. Frasi come "Acquista qui" o "Scopri di più" possono essere efficaci.

2. Posizionamento nei Contenuti Visivi

- Immagini e Banner:

- *- Immagini dei Prodotti*: Aggiungi immagini dei prodotti collegati al link di affiliazione. Le immagini attraggono l'occhio e possono aumentare la probabilità di clic. Assicurati che l'immagine sia rilevante e di alta qualità.
- *- Banner:* Utilizza banner pubblicitari, specialmente quelli forniti dai programmi di affiliazione, che possono essere posizionati nella barra laterale, in cima o in fondo alla pagina. Questi sono particolarmente utili per promozioni speciali o stagionali.

3. Sezione Risorse o Prodotti Consigliati

- *- Dedica una Sezione:* Se il tuo sito ha contenuti ricorrenti su un argomento specifico, considera di avere una sezione dedicata ai "Prodotti consigliati" o "Risorse utili". Qui puoi inserire i tuoi link di affiliazione senza che sembrino fuori posto o invadenti.

4. Nel Footer o nella Sidebar

- *- Footer:* Un link nel footer può essere

un buon modo per includere un riferimento al tuo programma di affiliazione in modo discreto. Tuttavia, non aspettarti un'alta conversione da questa posizione, poiché è meno visibile.

- *Sidebar*: Se il tuo design lo permette, la sidebar può essere eccellente per banner o link testuali. Questo è particolarmente utile per blog dove i lettori potrebbero scorrere più articoli.

5. Email Marketing

- *Newsletter:* Quando invii newsletter, puoi includere link affiliati all'interno dei tuoi contenuti promozionali o nelle firme. Assicurati che il contenuto fornisca valore reale, non solo promozione.

6. Social Media

- *Post e Bio:* Sui social media, puoi inserire link affiliati direttamente nei tuoi post o nella biografia dei tuoi profili. Più piattaforme permettono ora di taggare prodotti direttamente nelle immagini o nei video.

Considerazioni SEO e Trasparenza

- *SEO-Friendliness*: Usa anchor text

rilevante per i link affiliati, ma evita il sovraccarico di parole chiave. Google e altri motori di ricerca possono penalizzare i siti che sembrano essere creati solo per linkare prodotti di affiliazione.

- *- Nofollow e UGC:* Per conformità con le linee guida SEO, puoi aggiungere gli attributi `rel="nofollow"` o `rel="ugc"` ai tuoi link di affiliazione per indicare che sono sponsorizzati o generati dall'utente.
- *- Divulgazione*: È eticamente corretto e spesso richiesto dalle politiche di affiliazione e dalla legge (come le linee guida della FTC negli Stati Uniti) disporre una chiara divulgazione che informi i lettori che i link sono affiliati. Può essere fatto con un breve avviso all'inizio di un post o vicino ai link stessi.

Strategie per Incrementare i Clic

- *- Test A/B:* Sperimenta con diverse posizioni dei link all'interno dei contenuti per vedere quale genera più clic e conversioni. Utilizza strumenti di tracciamento come Google Analytics o plugin di WordPress per monitorare le performance.

- - *Chiarire il Valore*: Quando aggiungi un link, spiegare brevemente perché raccomandi il prodotto può aumentare la fiducia e la probabilità di clic. Ad esempio, "Questo strumento mi ha aiutato a risparmiare ore di lavoro" può essere molto persuasivo.

- - *Utilizzare i Widget:* Alcuni programmi di affiliazione offrono widget che mostrano prodotti correlati o recenti. Questi possono essere inseriti facilmente e automaticamente aggiornati con nuovi prodotti.

In conclusione, la chiave per un posizionamento di successo dei link di affiliazione non è solo dove li metti, ma come li integri nel tuo contenuto. La tua strategia dovrebbe mirare a fornire valore ai tuoi lettori, mantenendo la trasparenza e rispettando le migliori pratiche SEO. Ricorda che l'obiettivo è creare una relazione di fiducia con il tuo pubblico, dove le raccomandazioni di prodotti siano viste come parte integrante del valore che il tuo contenuto offre, piuttosto che come un tentativo di vendita aggressivo.

Capitolo 5: Prodotti Digitali e Vendite Dirette

Nel mondo digitale odierno, la creazione e la vendita di prodotti digitali rappresentano una delle vie più dirette e scalabili per generare reddito online. Questo capitolo esplorerà come trasformare i tuoi contenuti digitali in prodotti vendibili, focalizzandosi sulle strategie di vendita diretta che possono massimizzare il tuo successo.

Che Cosa Sono i Prodotti Digitali?

I prodotti digitali sono beni che esistono solo in forma elettronica. Questi includono:

- - *E-book:* Libri digitali che possono coprire qualsiasi argomento, da guide pratiche a narrativa.
- - *Corsi online*: Serie di lezioni video o di contenuti testuali progettate per educare o addestrare su un argomento specifico.
- - *Software e App*: Programmi o applicazioni che risolvono problemi o forniscono servizi specifici.

- - *Grafica e Template*: Modelli per presentazioni, siti web, loghi, ecc.
- - *Musica e Audio*: Brani musicali, podcast, audiolibri.
- - *Fotografia e Arte Digitale*: Immagini, fotografie stock, illustrazioni digitali.
- - *Contenuti Scaricabili:* Stampabili, planner, schede di allenamento.

Creare Prodotti Digitali di Valore

Per trasformare i tuoi contenuti in prodotti vendibili, devi assicurarti che offrano valore. Ecco come:

- - *Qualità:* Assicurati che il tuo prodotto digitale sia di alta qualità. Un e-book con errori di ortografia o un corso con video di bassa risoluzione non saranno ben accolti.
- - *Unicità:* Offri qualcosa che non si trova facilmente altrove. La tua esperienza personale, storie di successo, o approcci innovativi possono differenziare il tuo prodotto.
- - *Risolvere Problemi*: I migliori prodotti digitali rispondono a una domanda o risolvono un problema. Identifica il tuo

pubblico e cosa desiderano o
necessitano.

- *- Aggiornamenti Regolari*: Per prodotti
come software o corsi, gli aggiornamenti
regolari possono mantenere il prodotto
rilevante e utile.

Strategie di Vendita Diretta

La vendita diretta di prodotti digitali può
avvenire attraverso vari canali:
- Il Tuo Sito Web:

- *- E-commerce proprietario:* Utilizzando
piattaforme come WooCommerce o Easy
Digital Downloads per WordPress, puoi
vendere direttamente sul tuo sito.
Questo ti permette di mantenere il
controllo totale sul branding e sul
processo di vendita.
- *- Pagina di vendita ottimizzata:* Crea
una landing page dedicata che spieghi
chiaramente i benefici del tuo prodotto,
includendo testimonianze, dimostrazioni
video, o anteprime gratuite.

- Marketplace di Terze Parti:

- *- Amazon Kindle Direct Publishing
(KDP) per e-book:* Se scrivi libri, Amazon

offre una piattaforma facile da usare per pubblicare e vendere e-book.

- - *Udemy, Teachable, o Coursera per corsi*: Questi siti hanno una grande base di utenti interessati all'apprendimento online, ma ricordati che spesso trattengono una percentuale delle vendite.

- Social Media e Email Marketing:

- - *Promozione sui social*: Usa piattaforme come Instagram, YouTube, o TikTok per mostrare il valore del tuo prodotto attraverso contenuti visivi.
- - *Email Marketing:* Costruisci una lista email e usa campagne di email marketing per lanciare il tuo prodotto, offrendo sconti esclusivi o accesso anticipato.

Prezzi e Offerte

Determinare il prezzo giusto è cruciale:

- - *Valore Percepito:* Fissa un prezzo che rifletta il valore che il tuo prodotto offre. Considera la complessità, l'unicità, e la quantità di contenuto.

- Strategie di Prezzo:

- *- Prezzo Introdotto:* Inizia con un prezzo più basso per attrarre clienti e raccogliere feedback.
- *- Sconti e Promozioni:* Offrire sconti limitati nel tempo può creare urgenza e aumentare le vendite.
- *- Bundle:* Vendi pacchetti di prodotti a un prezzo scontato rispetto all'acquisto individuale.
- *- Modelli di Abbonamento*: Per i contenuti che si evolvono nel tempo, un abbonamento mensile o annuale può garantire un flusso di reddito continuo.

Gestione delle Vendite e Distribuzione

Quando vendi prodotti digitali:

- *- Sicurezza:* Usa piattaforme che offrono protezione contro la pirateria. Ad esempio, l'uso di DRM (Digital Rights Management) per e-book.
- *- Automazione*: Automatizza il processo di vendita e distribuzione. Alcune piattaforme permettono di inviare automaticamente il link di download al cliente dopo l'acquisto.

- • - *Supporto Clienti:* Anche per prodotti digitali, un buon supporto clienti può fare la differenza. Rispondere alle domande e risolvere problemi può aumentare la fidelizzazione.

Marketing e Lancio del Prodotto
- Lancio Strategico:

- • - *Strategia di Pre-Lancio:* Costruisci l'attesa con contenuti teaser, webinar gratuiti, o capitoli di anteprima.
- • - *Webinar di Lancio:* Organizza un evento dove puoi spiegare il prodotto in dettaglio e offrire sconti esclusivi per chi si iscrive durante l'evento.
- • - *SEO e Content Marketing:* Ottimizza il tuo sito e i tuoi contenuti per i motori di ricerca. Un blog con articoli pertinenti può attirare traffico organico verso i tuoi prodotti.
- • - *Affiliazione:* Lavora con altri creatori di contenuti o influencer che possono promuovere il tuo prodotto in cambio di una commissione sulle vendite.

Conclusioni

La vendita diretta di prodotti digitali offre un enorme potenziale per imprenditori e creativi. La chiave del successo risiede nella qualità del prodotto, nella scelta del canale di vendita appropriato, e nella capacità di comunicare efficacemente il valore ai potenziali acquirenti. La flessibilità dei prodotti digitali permette di sperimentare con diversi approcci di prezzo, promozione, e distribuzione, adattando le strategie in base ai feedback e alle performance di vendita.

Ricorda, la tua capacità di innovare, rispondere ai bisogni del mercato, e offrire un'esperienza utente senza soluzione di continuità farà la differenza nel trasformare i tuoi contenuti digitali in un business redditizio.

5.1: Tipi di Prodotti Digitali:

eBook, corsi online, template, e altro

Nell'era digitale, la creazione e la distribuzione di contenuti digitali offrono un'opportunità senza precedenti per monetizzare le proprie competenze e conoscenze. Questo sottocapitolo esplora i vari tipi di prodotti digitali che si possono creare e vendere, fornendo una panoramica dettagliata delle loro caratteristiche, del loro potenziale di mercato e delle strategie per sfruttarli al meglio.

1. eBook

Gli eBook sono tra i prodotti digitali più popolari e accessibili per chi inizia a monetizzare i propri contenuti. Un eBook può coprire qualsiasi argomento, dalla narrativa alla saggistica, dai manuali pratici ai libri di cucina. Ecco alcune considerazioni chiave:

- • *- Facilità di Creazione:* Gli strumenti moderni come Microsoft Word, Google Docs, o software specifici come Scrivener, permettono a chiunque di scrivere e formattare un eBook senza particolari competenze tecniche.

- - *Costi di Produzione:* I costi iniziali sono minimi, principalmente legati alla copertina professionale (puoi usare piattaforme come Canva o Fiverr per questo) e alla revisione editoriale, se desideri un prodotto di alta qualità.
- - *Distribuzione*: Piattaforme come Amazon Kindle Direct Publishing (KDP), Apple Books, e Kobo offrono canali di distribuzione globale con percentuali di royalties favorevoli.
- - *Marketing:* Promuovere un eBook richiede strategie di marketing digitale, che possono includere la costruzione di una mailing list, blog tour, social media marketing, e recensioni.
- - *Aggiornamenti e Versioni:* Gli eBook possono essere facilmente aggiornati o ripubblicati con nuove informazioni, mantenendo il prodotto rilevante nel tempo.

2. Corsi Online

I corsi online rappresentano un'ottima opportunità per chi ha competenze specifiche da condividere. Puoi creare corsi su:

- - *Piattaforme Specializzate:* Udemy,

Teachable, Coursera, ecc., che forniscono non solo la piattaforma ma anche una base di utenti potenziali.

- - *Contenuti:* Video lezioni, PDF scaricabili, quiz, discussioni in forum. La varietà del materiale didattico mantiene alta l'engagement degli studenti.
- - *Struttura del Corso*: È importante strutturare il corso in moduli, ciascuno con obiettivi chiari, per facilitare l'apprendimento e mantenere gli studenti motivati.
- - *Certificati:* Offrire certificati di completamento può aggiungere valore al tuo corso, specialmente se il certificato ha un certo riconoscimento nel settore.
- - *Interattività:* Incorporare sessioni di domande e risposte, webinar live, e feedback personalizzati può aumentare la percezione di valore del corso.

3. Template

I template sono strumenti pronti all'uso per vari software o per la creazione di contenuti grafici, web design, piani di marketing, ecc.:

- - *Tipi di Template*: Dai template per PowerPoint o Google Slides, a quelli per siti web su WordPress o Shopify, fino a modelli di business plan o CV.

- - _Diffusione:_ I template sono particolarmente utili per liberi professionisti, piccole imprese, o chiunque cerchi di risparmiare tempo senza compromettere la qualità.
- - _Personalizzazione:_ Offrire vari livelli di personalizzazione può differenziare i tuoi prodotti. Ad esempio, template base gratuiti con opzioni premium per modifiche avanzate.
- - _Piattaforme di Vendita:_ Puoi vendere direttamente tramite il tuo sito web o attraverso piattaforme come Etsy, Creative Market, o TemplateMonster.

4. Altri Prodotti Digitali

- - _Musica e Audio:_ Brani musicali, suoni ambientali, effetti sonori per video o giochi.
- - _Fotografia e Immagini:_ Banche dati di immagini stock, fotografie per uso personale o commerciale, artwork digitale.
- - _App e Software_: Sviluppare app per smartphone o software può richiedere più risorse iniziali ma ha un potenziale di guadagno elevato, specialmente se offri soluzioni innovative.

- - *Content Marketing Tools*: Guide, checklist, risorse stampabili che aiutano le aziende o i singoli a migliorare il loro marketing.

Conclusioni

Ogni tipo di prodotto digitale ha le sue peculiarità, ma tutti condividono alcuni punti in comune:

- - *Scalabilità*: Una volta creati, i prodotti digitali possono essere venduti all'infinito senza costi aggiuntivi di produzione.
- - *Accessibilità:* La possibilità di raggiungere un pubblico globale tramite internet.
- - *Automazione*: Molte piattaforme permettono di automatizzare vendite, consegne e, in parte, anche il marketing.
- - *Aggiornamenti:* La capacità di aggiornare i prodotti digitali per mantenere il loro valore nel tempo.

La chiave per il successo nella vendita di prodotti digitali sta nella combinazione di qualità, unicità, e un marketing efficace. Ricorda che il mercato digitale è competitivo, quindi è essenziale non solo creare prodotti di valore, ma anche costruire una comunità attorno al tuo brand, ascoltare il feedback dei clienti, e adattare continuamente la tua offerta alle esigenze del mercato.

5.2: Creazione di un Negozio Online:

Piattaforme come Gumroad, Shopify, o WooCommerce

La creazione di un negozio online rappresenta una delle strategie più efficaci per monetizzare contenuti digitali come eBook, corsi online, template grafici, e molto altro. Le piattaforme come Gumroad, Shopify e WooCommerce offrono soluzioni diverse ma complementari per costruire, gestire e far crescere il tuo business online. Ognuna di queste piattaforme ha le sue peculiarità, vantaggi e svantaggi, e scegliere quella giusta dipende dal tipo di prodotto che vendi, dalle tue competenze tecniche, e dal livello di personalizzazione e controllo che desideri avere.

Gumroad: La Semplificazione del Dropshipping Digitale

Caratteristiche:

- *- Facilità di Uso*: Gumroad è celebre per la sua semplicità. Puoi creare un prodotto e iniziare a vendere in pochi minuti senza dover gestire la complessità di un intero negozio online. È particolarmente adatto per venditori di prodotti digitali singoli o a catalogo ridotto.
- *- Integrazione:* Si integra facilmente con siti web esistenti tramite un link o un pulsante di acquisto, rendendolo una soluzione ideale per chi già possiede una piattaforma di contenuti.
- *- Pagamenti:* Gestisce i pagamenti in modo trasparente, con commissioni ragionevoli che variano a seconda del piano scelto.
- *- Personalizzazione:* Offre meno opzioni di personalizzazione rispetto ad altre piattaforme, ma è perfetto se il tuo obiettivo è vendere velocemente con poca personalizzazione.

Vantaggi:

- - *Tempo di Avviamento Rapido:* Puoi essere operativo in pochissimo tempo.
- - *Nessun Costo di Setup*: Paghi solo per le vendite effettuate, il che è ottimo per chi inizia con un budget limitato.

Svantaggi:

- - *Limitata Personalizzazione:* Se hai bisogno di un negozio altamente personalizzato, Gumroad potrebbe non essere sufficiente.
- - *Funzionalità Limitate per il Marketing*: Non ha tutte le funzionalità avanzate di marketing che potresti trovare su piattaforme più robuste.

Shopify: La Piattaforma All-In-One

Caratteristiche:

- - *Completa Gestione del Negozio*: Shopify è una piattaforma che offre tutto il necessario per gestire un negozio online, dalla creazione del sito alla gestione dell'inventario, passando per il marketing e i pagamenti.
- - *Temi e App*: Una vasta selezione di

temi professionali e un vasto marketplace di app per personalizzare e potenziare ogni aspetto del tuo negozio.

- *- Supporto e Assistenza:* Offre un supporto 24/7 per aiutarti a risolvere eventuali problemi tecnici.
- *- Scalabilità:* Perfetto per aziende in crescita grazie alla sua capacità di scalare con il business.

Vantaggi:

- *- Facilità di Uso per Principianti:* Non richiede competenze di programmazione per avviare un negozio professionale.
- *- Integrazione con Social Media:* Permette di vendere direttamente attraverso canali come Instagram e Facebook.

Svantaggi:

- *- Costi:* Ha un canone mensile che aumenta con le funzionalità avanzate, più commissioni sulle transazioni se non usi Shopify Payments.
- *- Personalizzazione*: Anche se offre molte opzioni, la personalizzazione può richiedere l'uso di app aggiuntive, il che

può aumentare i costi e la complessità.

WooCommerce: L'Estensione di WordPress per l'E-commerce

Caratteristiche:

- - *Integrazione con WordPress*: Se hai già un sito su WordPress, WooCommerce è un plugin che trasforma il tuo sito in un negozio online senza dover migrare altrove.
- - *Personalizzazione Illimitata*: Essendo open-source, puoi personalizzare ogni aspetto del tuo negozio con temi e plugin.
- - *Controllo Totale:* Hai il controllo completo sul tuo sito, dal design alle funzionalità.
- - *Economico*: Il plugin base è gratuito, anche se i temi premium e i plugin aggiuntivi richiedono un investimento.

Vantaggi:

- - *Flessibilità:* Ideale per chi cerca una soluzione altamente personalizzabile.
- - *Comunità e Supporto*: Una grande comunità di sviluppatori e utenti che fornisce supporto e crea estensioni.

Svantaggi:

- *- Curva di Apprendimento:* Richiede una certa familiarità con WordPress per configurare e mantenere il negozio.
- *- Gestione Tecnica:* Devi occuparti dell'hosting, della sicurezza e degli aggiornamenti, o assumere qualcuno che lo faccia per te.

Considerazioni Finali
La scelta tra Gumroad, Shopify e WooCommerce dipende da diversi fattori:

- *- Obiettivi di Crescita:* Se prevedi di espandere il tuo business rapidamente, Shopify offre la scalabilità necessaria. Per progetti più piccoli o iniziative singole, Gumroad può essere la via più semplice.
- *- Competenze Tecniche:* Shopify è più user-friendly per chi non ha competenze tecniche avanzate, mentre WooCommerce richiede una maggiore conoscenza di WordPress.
- *- Personalizzazione:* WooCommerce offre la massima libertà di personalizzazione, Shopify è nel mezzo con molte opzioni ma limitato da ciò che è disponibile nel suo ecosistema, e Gumroad è il più

limitato.

- - *Costo:* Gumroad e WooCommerce possono essere più economici all'inizio, ma Shopify potrebbe diventare più vantaggioso per negozi con volumi di vendita elevati grazie alle sue funzionalità integrate.

Ogni piattaforma ha il suo pubblico ideale. L'importante è valutare le esigenze attuali e future del tuo business, considerando sia l'immediata facilità di vendita sia il potenziale di crescita e personalizzazione. La decisione finale dovrebbe tenere conto non solo delle capacità tecniche ma anche della strategia aziendale a lungo termine.

5.3: Strategie di Prezzo e Lancio:

Come determinare il prezzo e creare un lancio efficace

La determinazione del prezzo e la strategia di lancio sono elementi cruciali per il successo di un prodotto digitale. Questi due aspetti non solo influenzano direttamente le vostre entrate, ma anche la percezione del valore del

124

vostro prodotto da parte del consumatore. Ecco come affrontare ciascuno di questi elementi in modo strategico.

Determinazione del Prezzo

1. *Analisi del Costo:* Anche se i prodotti digitali hanno costi di produzione iniziali bassi, è importante considerare:

- - *Costi di Produzione*: Tempo e risorse spesi nella creazione del prodotto.
- - *Costi di Distribuzione*: Piattaforme che prendono una commissione, costi di hosting, ecc.
- - *Costi di Marketing:* Promozione, pubblicità, e gestione della community.

2. *Valore Percepito:*

- - *Benchmarking:* Analizza i prezzi di prodotti simili nel tuo mercato. Considera sia i prodotti premium che quelli di fascia bassa per capire la gamma.
- - *Valore Aggiunto:* Se il tuo prodotto offre qualcosa di unico o di valore aggiunto (come supporto personalizzato, aggiornamenti gratuiti, ecc.), può giustificare un prezzo più alto.

125

- *Psicologia del Prezzo:* Utilizza tecniche come il pricing a 9.99$ invece di 10$ per far sembrare il prezzo inferiore. Anche il tiered pricing (prezzi a livelli) può attrarre diversi segmenti di mercato.

3. *Segmentazione del Mercato:*

- *Prezzi Differenziati:* Offrire versioni base, premium o enterprise del tuo prodotto può soddisfare diverse fasce di consumatori.
- *Sconti Temporanei:* Puoi usare promozioni o sconti iniziali per incentivare le prime vendite, ma assicurati che ciò non svaluti il tuo prodotto a lungo termine.

4. *Costi di Entrata e Barriere:*

- *Low Entry Priced Products:* Per i nuovi prodotti o per acquisire utenti, un prezzo iniziale basso può aiutare a costruire una base di clienti.
- *Pay What You Want:* Alcuni creatori offrono un'opzione di pagamento libero o consigliato, che può funzionare bene per prodotti di nicchia o per costruire una comunità.

5. *Ritorno sull'Investimento (ROI):*

- • - Considera quanto tempo il tuo prodotto deve recuperare i costi di produzione e marketing, poi quanto profitto desideri. Questo può guidare la tua decisione di prezzo.

Creare un Lancio Efficace

1. *Pre-Lancio:*

- • - *Costruire l'Attesa*: Usa email marketing, blog, social media e magari un webinar per creare buzz attorno al prodotto. Fornisci anteprime o campioni gratuiti.
- • - *Beta Testing:* Offrire una versione beta gratuita o a prezzo ridotto non solo raccoglie feedback prezioso ma crea anche promotori del tuo prodotto.

2. *Il Giorno del Lancio:*

- • - *Live Streaming o Webinar:* Annunciare il lancio in diretta può aumentare il coinvolgimento, permettendo di rispondere a domande in tempo reale e mostrare il prodotto dal vivo.

- *- Promozioni di Lancio*: Offerte speciali, sconti per i primi acquirenti, o bundle per incentivare l'acquisto immediato.
- *- Scarcità*: Creare un senso di urgenza può spingere all'azione. Potrebbe essere un'offerta limitata nel tempo o in quantità.

3. *Post-Lancio:*

- *- Follow-up:* Contatta chi ha mostrato interesse ma non ha comprato. Offri magari un piccolo incentivo per finalizzare l'acquisto.
- *- Raccolta Feedback:* Usa i primi acquirenti per migliorare il prodotto e raccogliere testimonianze che possono essere usate per ulteriori promozioni.
- *- Aggiornamenti e Supporto:* Continua a supportare i clienti con aggiornamenti, miglioramenti, e assistenza, aumentando così il valore percepito del prodotto.

4. *Strategie di Marketing:*

- *- Content Marketing*: Pubblica articoli, video, infografiche che dimostrino l'utilità del tuo prodotto.
- *- Social Proof:* Recensioni, testimonianze, case study che mostrano

il prodotto in azione.

- *- Collaborazioni:* Partner con influencer o altri creatori di contenuti che possano promuovere il tuo prodotto alla loro audience.

5. *Segmentazione e Personalizzazione:*

- *- Email Marketing:* Usa le email per segmentare il pubblico in base all'interesse mostrato e personalizzare le offerte.
- *- Retargeting:* Usa annunci pubblicitari per ricontattare chi ha visitato il tuo sito senza acquistare.

6. *Mantenimento dell'Impulso:*

- *- Upselling e Cross-Selling*: Dopo l'acquisto, offri prodotti complementari o upgrade per mantenere l'interesse.
- *- Community Building*: Crea una comunità attorno al tuo prodotto per fidelizzare i clienti. Può essere attraverso gruppi social, forum o newsletter esclusive.

Conclusione

La strategia di prezzo e lancio di un prodotto

digitale deve essere attentamente pianificata per ottimizzare sia il valore percepito che le entrate. Il prezzo deve riflettere il valore offerto, ma anche prendere in considerazione i costi, il mercato e la psicologia dell'acquirente. Il lancio richiede una combinazione di marketing creativo, coinvolgimento della community, e una gestione strategica delle offerte per assicurare un inizio forte nel mercato. Ricorda, un buon lancio non è solo l'inizio ma parte di un processo continuo di miglioramento e adattamento alle esigenze del cliente.

Capitolo 6: Abbonamenti e Membri Premium

La monetizzazione attraverso abbonamenti e membri premium rappresenta una delle strategie più efficaci e sostenibili per i creatori di contenuti digitali oggi. Questo modello di business non solo fornisce un flusso di reddito ricorrente, ma anche un'opportunità unica per costruire una comunità leale e impegnata. In questo capitolo, esploreremo come impostare, gestire e ottimizzare un sistema di abbonamento, oltre ai vantaggi e alle sfide che questo approccio comporta.

Perché Gli Abbonamenti?

1. 1. *Reddito Ricorrente*: Gli abbonamenti offrono una fonte di guadagno prevedibile, che è fondamentale per la pianificazione finanziaria a lungo termine.
2. 2. *Fedeltà del Pubblico:* Gli abbonati tendono ad avere un legame più forte con il creator, aumentando la fidelizzazione e la probabilità di partecipazione attiva alla community.

3. 3. _Valore Aggiunto_: Puoi offrire contenuti esclusivi, accessi anticipati, esperienze personalizzate o qualsiasi cosa che aggiunga valore per i membri premium.
4. 4. _Modello di Business Scalabile:_ Una volta creato il sistema, il potenziale di crescita è quasi illimitato, limitato solo dal numero di abbonati che riesci ad attrarre e mantenere.

Impostazione di un Sistema di Abbonamento
Pianificare l'Offerta:

- Definire i Livelli di Abbonamento:

- -_Base:_ Accesso a contenuti esclusivi, newsletter, sconti su prodotti.
- - _Standard_: Aggiungere live Q&A, webinar mensili, accesso anticipato ai contenuti.
- - _Premium_: Esperienze uniche come incontri personali, consulenze private, o merchandise esclusivo.

- Struttura dei Prezzi:

- - Considera di offrire un livello gratuito con contenuti limitati per attrarre potenziali abbonati.

- - I prezzi dovrebbero riflettere il valore aggiunto, ma anche essere accessibili al tuo target di mercato.

Piattaforme e Strumenti:

- - *WordPress con WooCommerce e Membri:*

  Permette di gestire abbonamenti con flessibilità grazie a plugin come "Paid Membership Pro" o "MemberPress".

- - *Squarespace:*

  Con "Siti per i membri", puoi creare aree riservate ai soli abbonati sul tuo sito web.

- - *Patreon:*

  Ideale per artisti, scrittori, e creatori di contenuti che desiderano offrire ricompense basate su livelli di supporto.

- - *Substack:*

  Ottimo per chi scrive newsletter, permettendo di monetizzare attraverso abbonamenti con contenuti esclusivi per i membri.

- *Pagamenti e Gestione:*

- Integrazione con i Processori di Pagamento:
Strumenti come Stripe, PayPal o Braintree sono essenziali per gestire pagamenti ricorrenti.

- *- Automazione:*

Gli abbonamenti devono essere automatizzati per facilitare le rinnovazioni e gestire le cancellazioni senza intervento manuale.

Contenuti per Abbonati

- *- Esclusività:*

Offri ciò che non si può trovare altrove. Potrebbero essere video bonus, articoli approfonditi, accesso ai tuoi processi creativi, o sessioni di domande e risposte.

- *- Interazione:*

Crea eventi live, AMA (Ask Me Anything)

sessions, o gruppi esclusivi su piattaforme social dove solo i membri possono partecipare.

- *- Personalizzazione:*

  Se possibile, offri contenuti su misura o consulenze personalizzate. Questo può essere particolarmente attraente per abbonamenti di livello più alto.

Marketing degli Abbonamenti

- Campagna di Lancio:

- *- Contenuti Gratuiti:* Inizia con contenuti gratuiti di alta qualità per attirare interesse.
- *- Prova Gratuita*: Offri un periodo di prova per permettere agli utenti di valutare il valore dell'abbonamento.
- *- Pre-Lancio:* Costruisci l'attesa con teaser, anticipazioni, e coinvolgimento della community esistente.

- Email Marketing:

- - Usa la tua mailing list per comunicare direttamente con i potenziali abbonati.
- - Offri sconti speciali per chi si iscrive

durante il lancio o in occasioni particolari.

- *Contenuti Virali:*

  - - Crea contenuti che i tuoi seguaci vorranno condividere, aumentando la visibilità del tuo abbonamento.

- *Testimonianze:*

  - - Mostra quanto valgono gli abbonati attraverso recensioni e testimonianze di membri soddisfatti.

Gestione e Crescita

- - *Feedback Continuato:*

  - Ascolta i tuoi abbonati per capire cosa funziona e cosa può essere migliorato.

- - *Aggiornamenti Regolari:*

  - Mantieni i contenuti freschi e rilevanti. Gli abbonati devono sentirsi che il loro investimento ha un ritorno costante.

- *Comunità:*

  - - Fai crescere la tua community. Gli abbonati non comprano solo contenuti ma anche un senso di appartenenza.

- Analisi e Adattamento:

- - Usa strumenti di analisi per monitorare l'impegno degli abbonati e adatta la tua offerta di conseguenza.

Sfide e Considerazioni

- *- Ritenzione degli Abbonati:*

  - Mantenere i membri è spesso più difficile che acquisirne di nuovi. Offri valore continuo e sorprendi con contenuti inaspettati.

- *- Pirateria dei Contenuti:*

  - Proteggi i tuoi contenuti premium e considera strategie anti-pirateria.

- *- Scalabilità:*

  - Man mano che la tua base di abbonati cresce, devi essere in grado di gestire più membri senza sacrificare la qualità dei contenuti o l'interazione personale.

- *- Concorsi:*

- Con molti creatori che adottano modelli di abbonamento, distinguersi richiede creatività e un'offerta unica.

Conclusione

Gli abbonamenti e i membri premium rappresentano un approccio moderno e sostenibile per monetizzare i contenuti digitali. Offrono un modo per costruire una comunità attorno al tuo lavoro, offrendo al contempo sicurezza finanziaria attraverso entrate ricorrenti. La chiave del successo in questo modello è fornire costantemente valore, mantenere un dialogo aperto con i tuoi abbonati e adattarsi alle loro esigenze e desideri. Come ogni strategia di monetizzazione, richiede tempo, dedizione e un'attenzione continua alla qualità e all'innovazione. Con la giusta pianificazione e esecuzione, un sistema ben curato di abbonamenti può trasformare i tuoi contenuti digitali da semplici file a una fonte di successo duraturo.

6.1: Cosa Offrire:

Contenuti esclusivi, accesso anticipato, o community private

Nel capitolo dedicato agli abbonamenti e ai membri premium, uno degli aspetti fondamentali da esplorare è cosa offrire per rendere il modello di monetizzazione attraente e sostenibile. La chiave per un successo duraturo risiede nella capacità di fornire valore aggiunto ai tuoi abbonati, creando un'esperienza unica che non solo giustifichi il costo dell'abbonamento, ma che crei anche un forte legame di fedeltà con la tua community. Vediamo in dettaglio le tre principali strategie che puoi adottare:

Contenuti Esclusivi
Definizione e Importanza:

I contenuti esclusivi rappresentano materiale che non è disponibile al pubblico generale ma solo agli abbonati. Questo può includere articoli, video, podcast, e-book, sessioni di Q&A, tutorial avanzati, o qualsiasi forma di media che il tuo pubblico trovi preziosa. L'esclusività crea un senso di appartenenza e privilegio tra i membri, incentivando non solo l'iscrizione ma anche il mantenimento dell'abbonamento.

Tipologie di Contenuti Esclusivi:

- *- Articoli e Report Speciali*: Offrire approfondimenti su argomenti di nicchia, interviste esclusive con esperti del settore, o report con dati e analisi che sono difficili da trovare altrove.
- *- Video e Podcast Esclusivi:* Potresti creare contenuti video o podcast che offrono consigli pratici, dietro le quinte dei tuoi progetti, o sessioni educative che non vengono pubblicate sui canali pubblici.
- *- E-book e Guide:* Scrivere e distribuire materiale in formato e-book che approfondisce temi trattati superficialmente nei contenuti gratuiti. Questi possono includere guide dettagliate, raccolte di articoli, o manuali su come applicare le tecniche o le informazioni discusse.
- *- Masterclass e Webinar:* Sessioni dal vivo o registrate dove affronti tematiche avanzate o workshop pratici. Questo tipo

di contenuto può essere particolarmente efficace per educare o aggiornare i tuoi abbonati su tecnologie emergenti, tecniche di marketing, o altre competenze desiderate.

Strategie per la Distribuzione:

- *- Sezioni Riservate:* Utilizza piattaforme che permettono di creare aree riservate ai membri, come siti web con pagine private o app dedicate.
- *- Sistemi di DRM (Digital Rights Management)*: Protezione digitale per e-book e documenti per garantire che restino accessibili solo agli abbonati.

Accesso Anticipato

Perché Funziona:
L'accesso anticipato a contenuti, prodotti, o servizi è una forma di ricompensa immediata per i tuoi abbonati. Si tratta di offrire loro prima di chiunque altro l'opportunità di vedere, leggere, o sperimentare ciò che stai creando. Questo non solo aumenta il valore percepito dell'abbonamento, ma crea anche un buzz intorno al tuo lavoro, incoraggiando il passaparola.

Modalità di Implementazione:

- *- Lancio Anticipato di Prodotti:* Se produci e vendi prodotti fisici o digitali, offrire ai membri premium la possibilità di acquistarli prima del grande pubblico può generare entusiasmo e fedeltà.
- *- Anteprime di Contenuti:* Pubblicare capitoli di un libro, episodi di un podcast, o anteprime di un corso online prima che siano disponibili pubblicamente.
- *- Beta Testing:* Invitare i membri a testare nuove funzionalità di un software, app, o qualsiasi prodotto digitale che stai sviluppando. Questo non solo fornisce feedback prezioso ma fa sentire gli abbonati parte integrante del processo creativo.
- *Vantaggi:*

- Feedback immediato che può migliorare il prodotto finale.

- Creazione di aspettativa e interesse intorno ai tuoi futuri rilasci.

Community Private

Creare un Senso di Appartenenza:

Una community privata offre agli abbonati un luogo dove interagire non solo con te ma anche tra di loro. Questo può trasformare semplici consumatori di contenuti in una rete attiva di supporto, collaborazione, e networking.

Strumenti e Piattaforme:

- *- Forum e Gruppi:* Utilizza piattaforme come Discord, Slack, o gruppi privati su social media per creare spazi di discussione tematici.
- *- Eventi Live*: Organizza sessioni live, webinar, o incontri virtuali dove i membri possono partecipare attivamente, fare domande, e sentire di far parte di qualcosa di esclusivo.

Cosa Offrire in una Community Privata:

- *- Networking:* Opportunità di incontrare altri professionisti o appassionati dello stesso settore.
- *- Supporto:* Spazi dove possono chiedere e ricevere consigli, sia da te che dagli altri membri.
- *- Collaborazioni:* Più difficile da organizzare, ma permettere ai membri di collaborare su progetti può essere estremamente gratificante.

Vantaggi:

- *- Coinvolgimento Profondo*: I membri si sentono più coinvolti e quindi sono più propensi a rimanere abbonati.
- *- Fidelizzazione*: La connessione emotiva con la community tende a creare una base di clienti molto fedele.

Conclusioni:

Offrire contenuti esclusivi, accesso anticipato e community private non solo giustifica il costo dell'abbonamento ma trasforma l'esperienza degli utenti da semplice consumo a partecipazione attiva. Questi elementi possono essere combinati o utilizzati separatamente a seconda del tipo di contenuto digitale che offri e del pubblico che intendi raggiungere. La chiave è mantenere un alto livello di qualità e valore, sempre in ascolto dei desideri e delle esigenze della tua community per adattare e migliorare continuamente ciò che offri. Ricorda che il successo di un modello di abbonamento risiede nella capacità di far sentire i tuoi membri speciali e parte integrante del tuo ecosistema digitale.

6.2: Piattaforme di Abbonamento:

Patreon, Substack, e come utilizzare la funzione membri su YouTube

Patreon
Introduzione:
Patreon è una delle piattaforme di crowdfunding più popolari che permette ai creatori di contenuti di ricevere un supporto finanziario regolare dai loro fan. Fondata nel 2013 da Jack Conte e Sam Yam, offre una soluzione per i creatori che desiderano trasformare la loro passione in una fonte di reddito sostenibile.

Come Funziona:

- - *Iscrizione:* I creatori possono iscriversi gratuitamente, ma per pubblicare contenuti e iniziare a guadagnare, devono scegliere tra tre piani di abbonamento: Lite (5% di commissioni), Pro (8%), e Premium (12%).
- - *Livelli di Supporto:* I creatori possono

offrire diversi livelli di abbonamento con vari benefici. Ad esempio, per $1 al mese, i sostenitori potrebbero avere accesso a contenuti esclusivi; per $5, potrebbero ricevere contenuti aggiuntivi e magari una menzione speciale o un chat mensile.

- - _Contenuti Esclusivi_: Patreon consente di caricare contenuti multimediali direttamente sulla piattaforma. Questi possono includere video, musica, scritti esclusivi, tutorial, e persino accesso anticipato ai nuovi progetti.

- - _Interazione con la Community_: La piattaforma facilita l'interazione tra creatori e sostenitori attraverso chat di gruppo su Discord o commenti sui post, creando una vera e propria community attorno al creator.

Vantaggi:

- - _Reddito Recorrente:_ Offre ai creatori un flusso di reddito prevedibile, essenziale per sostenere la produzione continua di contenuti.

- - _Controllo Creativo_: I creatori mantengono il controllo su ciò che offrono e su come lo offrono, senza dipendere da algoritmi di altre

146

piattaforme.
- - *Connessione Diretta:* Facilita una connessione più profonda con i fan, che possono sentirsi parte integrante del processo creativo.

Sfide:

- - *Gestione dei Sostenitori:* Richiede un certo livello di gestione per mantenere coinvolta la community e rispondere alle aspettative dei sostenitori.
- - *Costo Più Elevato per i Creatori:* Le commissioni possono diventare significative con livelli di guadagno più alti, specialmente per il piano Premium.

Substack

Introduzione:
Substack è una piattaforma che ha rivoluzionato il modo in cui gli scrittori pubblicano e monetizzano le loro newsletter. Offre un ambiente semplice per la pubblicazione, con un'enfasi sulla scrittura di qualità e la costruzione di una community di lettori paganti.

Come Funziona:

- - *Creazione della Newsletter:* Chiunque può iniziare una newsletter su Substack senza costi iniziali. La piattaforma fornisce un editor intuitivo, design personalizzabile e strumenti per la gestione degli abbonati.
- - *Monetizzazione:* Gli scrittori possono offrire abbonamenti a pagamento per accedere a contenuti premium o a tutta la newsletter. Substack trattiene il 10% delle entrate derivanti dagli abbonamenti.
- - *Interazione*: Oltre alla pubblicazione, Substack permette di commentare i post, creando una comunità attorno alla newsletter. Gli scrittori possono anche attivare chat per discussioni in tempo reale.

Vantaggi:

- - *Accesso Diretto ai Lettori:* Gli scrittori possono costruire una relazione diretta con i loro lettori, senza intermediari.
- - *Semplice Monetizzazione:* Facilità nell'impostare abbonamenti e ricevere pagamenti, con un processo molto intuitivo per i lettori.
- - *Controllo Totale:* Gli autori controllano completamente il loro contenuto, la

frequenza delle pubblicazioni, e il livello di interazione con i lettori.

Sfide:

- *- Visibilità*: Senza una grande base di lettori o marketing efficace, può essere difficile farsi notare.
- *- Dipendenza dalla Piattaforma:* Come per qualsiasi piattaforma digitale, c'è sempre il rischio che il modello di business cambi o che la piattaforma diventi meno favorevole agli autori.

Utilizzare la Funzione Membri su YouTube

Introduzione:
YouTube ha introdotto la funzione Membri per permettere ai creatori di contenuti di monetizzare direttamente attraverso la piattaforma, offrendo benefici esclusivi agli abbonati paganti.

Come Funziona:

- *- Attivazione:* I canali devono avere almeno 500 iscritti per attivare la monetizzazione tramite abbonamenti. Una volta idonei, i creatori possono impostare diversi livelli di abbonamento con badge, emoji personalizzate, e contenuti esclusivi.

- *- Benefici per i Membri:* Questi possono includere accesso a video esclusivi, badge di appartenenza, emoji personalizzate, post della community solo per membri, e persino merchandising esclusivo.

- *- Interazione:* La funzione membri permette di creare un senso di community attraverso commenti riservati ai membri, chat esclusive durante le dirette, e la possibilità di creare post di community visibili solo agli abbonati.

Vantaggi:

- *- Integrazione Senza Soluzione di Continuità*: I fan possono diventare membri direttamente nel contesto dei video che stanno guardando, aumentando la probabilità di conversione.

- *- Personalizzazione:* Creatori possono personalizzare i benefici per rendere l'abbonamento attraente.

- *- Monetizzazione Aggiuntiva:* Offre un'ulteriore fonte di reddito oltre alla pubblicità e alle vendite dirette.

Sfide:

- *- Concorrenza Interna:* Con molte altre opzioni di monetizzazione su YouTube, come Super Chat o Super Stickers, gli abbonamenti potrebbero non essere l'opzione preferita per tutti i fan.
- *- Gestione del Contenuto:* Richiede un impegno costante per creare contenuti esclusivi di valore per giustificare il costo dell'abbonamento.

Conclusioni

Sia Patreon che Substack e la funzionalità Membri di YouTube offrono opportunità uniche per i creatori di contenuti digitali di generare reddito attraverso abbonamenti. Ogni piattaforma ha i suoi punti di forza, che vanno dalla creazione di comunità profonde (Patreon), alla scrittura diretta e personale (Substack), fino alla grande penetrazione di mercato e all'integrazione con i contenuti video (YouTube). La scelta della piattaforma dipenderà dai tipi di contenuti creati, dal pubblico di riferimento, e dalla strategia di monetizzazione del creator. La chiave per il successo su queste piattaforme non è solo l'offerta di contenuti esclusivi ma anche la costruzione di una relazione autentica con i sostenitori, che si sentono parte di qualcosa di speciale e unico.

6.3: Gestione di un Modello di Abbonamento:

Mantenere i membri coinvolti e soddisfatti

La gestione di un modello di abbonamento implica non solo la vendita di un servizio o prodotto, ma anche la cura continua di una relazione con il cliente. Mantenere i membri coinvolti e soddisfatti è cruciale per la sostenibilità e la crescita di qualsiasi business basato su abbonamenti. Ecco una guida dettagliata su come affrontare questa sfida con successo.

1. Creare Valore Continuo

- *Offrire Contenuti di Qualità*: Il primo passo per mantenere i membri soddisfatti è garantire che il valore percepito dell'abbonamento superi il costo. Questo significa fornire contenuti di alta qualità, aggiornati e rilevanti.

- - *Diversificare i Contenuti*: Offrire una varietà di contenuti può aiutare a soddisfare i gusti vari di un pubblico ampio. Questo potrebbe includere video, articoli, webinar esclusivi, o addirittura accesso anticipato a nuovi prodotti.

- - *Aggiornamenti e Miglioramenti*: Assicurarsi che i contenuti siano freschi e aggiornati. Questo non solo mantiene l'interesse ma anche dimostra che la tua offerta si evolve con il tempo.

- *Personalizzazione:* Utilizzare i dati raccolti dai membri per personalizzare l'esperienza.

- - *Raccomandazioni Personalizzate:* Se offri contenuti come articoli o video, utilizza algoritmi per suggerire contenuti basati sulle preferenze passate del membro.

- - *Offerte su Misura:* Personalizza le offerte e le promozioni basate sul comportamento di acquisto o sull'interesse mostrato verso certi tipi di contenuti o prodotti.

2. Costruire una Community

Creare un Senso di Appartenenza:

- *- Forum e Gruppi Privati:* Piattaforme come Discord o gruppi chiusi su social media possono servire come luogo di incontro dove gli abbonati possono discutere, condividere idee o fornire feedback.
- *- Eventi e Incontri:* Organizzare eventi virtuali o in presenza può rafforzare il legame tra i membri. Questo potrebbe includere Q&A live, sessioni di formazione esclusiva, o eventi sociali.

Coinvolgimento Attivo:

- *- Feedback e Suggestioni*: Invita attivamente i membri a contribuire con suggerimenti su nuovi contenuti o miglioramenti al servizio. Questo non solo coinvolge ma fa sentire i membri parte integrante del processo creativo.
- *- Gamification:* Introduci elementi di gioco come badge, livelli di membership, o piccole competizioni che possono rendere l'esperienza più interattiva e

divertente.

3. Comunicazione Efficace

Trasparenza e Aggiornamenti Regolari:

- - *Newsletter:* Mantieni una comunicazione regolare via email o newsletter, informando su nuovi rilasci, aggiornamenti di servizio, o eventi imminenti.
- - *Assistenza Clienti*: Assicurati che il supporto sia prontamente disponibile. Un buon servizio clienti può fare la differenza tra un membro soddisfatto e uno che decide di non rinnovare.

Feedback Proattivo:

- - *Sondaggi e Inchieste*: Usa questi strumenti per capire cosa funziona e cosa no. Il feedback diretto dai membri può guidare le decisioni future e mostrare che il loro parere è valutato.

4. Premi e Fidelizzazione

Programmi di Fidelizzazione:

- - *Sconti Esclusivi:* Offri sconti o accesso ad articoli in pre-vendita solo per i membri. Questo non solo incentiva l'acquisto ma anche il rinnovo dell'abbonamento.
- - *Ricompense per la Fedeltà*: Considera di implementare un sistema di punti o ricompense per ogni mese di abbonamento attivo, che possono essere riscattati per premi esclusivi.

Rinnovo Automatico con Facilitazioni:

- - *Offerte di Rinnovo:* Incentiva i membri a rinnovare automaticamente offrendo loro vantaggi esclusivi. Assicurati che sia semplice per loro annullare se lo desiderano, mantenendo la trasparenza.

5. Monitoraggio e Adattamento

Analisi dei Dati:

- - *Metriche di Coinvolgimento:* Monitora attentamente quali contenuti sono più apprezzati, le frequenze di accesso, e i tassi di rinnovo. Questo aiuta a capire dove investire per aumentare il valore percepito.

- - *Segmentazione:* Analizza il comportamento degli abbonati per segmentarli in base agli interessi. Questo permette di offrire esperienze ancora più personalizzate.

Adattamento Continuo:

- - *Evoluzione del Servizio*: Sii pronto ad adattare il tuo modello di abbonamento. Se i membri mostrano un disinteresse crescente verso certi tipi di contenuti, esplora nuove direzioni o modelli.
- - *Test A/B*: Utilizza il test A/B per sperimentare differenti approcci nel coinvolgimento e nella soddisfazione dei membri, come variazioni nelle email di rinnovo o nei tipi di contenuti offerti.

Conclusione

La chiave per un modello di abbonamento di successo risiede nella capacità di creare e mantenere un valore continuo per i membri. La soddisfazione dei membri non viene solo dal contenuto che offri ma dall'intera esperienza che costruisci attorno al loro abbonamento. Questo include una comunicazione efficace, una community attiva, premi per la fedeltà, e una gestione dinamica basata sulla risposta reale dei membri. Un modello di business che si focalizza sulla fidelizzazione tenderà a superare quelli che vedono i clienti come semplici transazioni. Ricorda, in un mercato competitivo, non è solo importante attirare i membri, ma anche mantenerli coinvolti e soddisfatti per garantire la longevità del tuo business.

Capitolo 7: Crowdfunding e Donazioni

Il crowdfunding e le donazioni rappresentano una rivoluzione nel modo in cui i progetti creativi, imprenditoriali e sociali possono essere finanziati. Questa modalità di raccolta fondi online ha permesso a migliaia di idee di trasformarsi in realtà, offrendo una piattaforma per chiunque desideri supportare o lanciare un'iniziativa. In questo capitolo, esploreremo come sfruttare al meglio queste opportunità per monetizzare i propri contenuti digitali.

Cos'è il Crowdfunding?
Il crowdfunding è il processo tramite il quale individui o gruppi raccolgono fondi per

realizzare un progetto o un prodotto attraverso una grande rete di persone, tipicamente tramite internet. Esistono diversi tipi di crowdfunding:

- - *Reward-Based:* I finanziatori ricevono una ricompensa in cambio della loro donazione. Questo può includere il prodotto o servizio finanziato, menzioni speciali, o altri incentivi.
- - *Donation-Based:* Qui l'idea è il puro atto di donare senza aspettarsi nulla in cambio, spesso usato per cause sociali o progetti no-profit.
- - *Equity-Based:* I finanziatori diventano azionisti del progetto, ricevendo una quota di proprietà in cambio del loro investimento. Questo tipo è regolamentato e richiede conformità con le leggi finanziarie.
- - *Lending-Based:* Conosciuto anche come social lending o peer-to-peer lending, permette ai finanziatori di prestare denaro in cambio di interessi.

Preparare una Campagna di Crowdfunding

1. Definizione del Progetto:

- - *Chiarezza:* Definisci chiaramente cosa vuoi realizzare. Un progetto ben definito attira più investitori.
- - *Obiettivo Finanziario*: Stabilisci un obiettivo realistico basato su un budget dettagliato. Questo dovrebbe coprire sviluppo, produzione, e un margine per eventuali imprevisti.

2. Racconto della Storia:

- - *Narrazione:* La tua campagna deve raccontare una storia coinvolgente. Perché questo progetto ha importanza? Come impatterà il mondo o la vita delle persone?

3. Pianificazione della Ricompensa:

- - *Attraenti:* Le ricompense devono essere allettanti. Considera esclusività, esperienze uniche, prime copie del prodotto, o accesso a contenuti esclusivi.

4. Piattaforma di Crowdfunding:

- - *Scelta:* Seleziona la piattaforma che

si allinea meglio con il tipo di progetto e il pubblico di riferimento. Kickstarter è ideale per progetti creativi e innovativi; Indiegogo offre flessibilità con opzioni di finanziamento tutto o niente; Patreon è ottimo per supporto continuo a creatori di contenuti.

5. Marketing e Promozione:

- - *Pre-Lancio:* Costruisci una community prima del lancio ufficiale. Usa social media, email marketing, e blog per creare attesa.
- - *Crowd Engagement:* Coinvolgi la tua comunità durante la campagna con aggiornamenti regolari, video di dietro le quinte, e sessioni di domande e risposte.

Gestione delle Donazioni

1. Trasparenza:

- - *Aggiornamenti:* Mantieni i tuoi sostenitori informati sul progresso del progetto. La trasparenza costruisce fiducia.

2. Ricompense:

- - *Consegna:* Assicurati che le ricompense siano consegnate in tempo. Ritardi possono danneggiare la reputazione futura delle tue campagne.

3. Ringraziamento:

- - *Personalizzazione:* Ogni donazione merita un ringraziamento. Personalizza i ringraziamenti per far sentire i donatori apprezzati e coinvolti.

4. Utilizzo dei Fondi:

- - *Responsabilità*: Usa i fondi come promesso. Se sorgono problemi, comunica chiaramente come intendi adattarti o rimediare.

Successo e Sfide

Successo:

- - *Storie di Successo:* Prendi esempio da progetti come "Pebble Time" su Kickstarter, che ha raccolto milioni di dollari, o da iniziative sociali come la ricostruzione della Città della Scienza di Napoli su DeRev, che ha superato l'obiettivo di crowdfunding raccogliendo

1,5 milioni di euro.

- - *Comunità e Networking:* Crowdfunding non è solo raccolta fondi; è anche costruire una rete di sostenitori che possono diventare ambasciatori del tuo brand.

Sfide:

- - *Competizione:* Con migliaia di progetti su ogni piattaforma, distinguersi è difficile. La tua campagna deve essere unica e ben pubblicizzata.
- - *Raggiungere l'Obiettivo:* Molte piattaforme operano con un modello "tutto o niente". Non raggiungere l'obiettivo può significare non ricevere alcun fondo.
- - *Gestione Post-Campagna*: Consegnare le ricompense, mantenere le promesse fatte durante la campagna, e gestire la produzione o il servizio promesso può essere complesso.

Conclusione

Il crowdfunding e le donazioni offrono un'opportunità straordinaria per monetizzare i contenuti digitali, permettendo ai creatori di mantenere il controllo del proprio lavoro e di costruire una comunità intorno alle loro idee. Tuttavia, richiedono una pianificazione meticolosa, una strategia di marketing solida, e un impegno continuo per mantenere il coinvolgimento dei sostenitori. La chiave del successo risiede nella qualità del progetto, nella chiarezza della comunicazione, e nella capacità di creare una connessione emotiva con chi decide di finanziarti. Non si tratta solo di raccogliere fondi, ma di costruire una relazione duratura con chi crede nel tuo progetto, trasformando i tuoi sostenitori in una comunità attiva e coinvolta.

7.1: Piattaforme di Crowdfunding:

Kickstarter, GoFundMe, e come strutturare una campagna di successo

Il crowdfunding è diventato un metodo sempre più popolare e potente per raccogliere fondi per una vasta gamma di progetti, dalle innovazioni tecnologiche ai progetti artistici. In questo sottocapitolo, esploreremo le piattaforme principali come Kickstarter e GoFundMe, e forniremo una guida dettagliata

su come strutturare una campagna di
successo.

Kickstarter: La Piattaforma per i Creativi Innovativi

Kickstarter è forse la piattaforma di
crowdfunding più conosciuta, specialmente per
progetti creativi e innovativi. È un luogo dove
inventori, artisti, designer e imprenditori
possono presentare le loro idee al pubblico per
ottenere finanziamenti.

- *- Funzionamento*: Kickstarter opera su
  un modello di "tutto o nulla". Se non
  raggiungi il tuo obiettivo di
  finanziamento, non ricevi alcun denaro.
  Questo sistema spinge i creatori a
  stabilire obiettivi realistici e a impegnarsi
  pienamente nella promozione della loro
  campagna.
- *- Tipi di Progetti:* Kickstarter è ideale per
  prodotti fisici, giochi, film, musica, arte,
  tecnologia, e progetti di design. La
  piattaforma è meno adatta per
  campagne di beneficenza o per iniziative
  non legate a un prodotto o servizio
  specifico.

- Strutturare una Campagna su Kickstarter:

- *- Definire l'Obiettivo*: Sii preciso su quanto denaro ti serve e perché. Gli obiettivi troppo ambiziosi possono scoraggiare i sostenitori.
- *- Video di Presentazione*: Crea un video coinvolgente che spieghi il progetto, il team, e i benefici per i sostenitori. Il video è spesso il primo contatto che i potenziali finanziatori hanno con la tua campagna.
- *- Ricompense*: Offri ricompense che siano direttamente correlate al progetto. Ad esempio, se stai producendo un gioco, offri copie del gioco a vari livelli di finanziamento.
- *- Storia e Autenticità:* Racconta la storia dietro il progetto. Le persone finanziano non solo il prodotto, ma anche le persone e le storie dietro di esso.
- *- Aggiornamenti Regolari:* Mantieni i sostenitori informati. Aggiornamenti regolari costruiscono fiducia e coinvolgimento.
- *- Marketing e Social Media:* Usa piattaforme sociali per promuovere la tua campagna. Coinvolgi comunità pertinenti

e cerca di ottenere visibilità attraverso influencer o media.

GoFundMe: La Piattaforma per le Cause Personali e di Beneficenza

GoFundMe, d'altra parte, è più adatto per raccolte fondi personali, di beneficenza, o per cause sociali. È meno focalizzato su prodotti o progetti commerciali e più su necessità umane dirette.

- *Funzionamento:* A differenza di Kickstarter, GoFundMe permette di mantenere i fondi raccolti anche se l'obiettivo non viene raggiunto, rendendolo ideale per emergenze personali, cure mediche, o altre necessità immediate.

-_*Tipi di Progetti*: Ideale per cause come:

- *- Spese mediche*
- *- Aiuti in caso di disastri naturali*
- *- Supporto per eventi di vita (come funerali)*
- *- Iniziative comunitarie o educative*

- Strutturare una Campagna su GoFundMe:

- *- Chiarezza e Urgenza*: Spiega chiaramente perché hai bisogno di aiuto e con urgenza. Le persone sono più propense a donare quando sentono che il loro contributo può fare una differenza immediata.

- *- Storia Personale*: Un racconto personale è fondamentale. Le persone donano quando si sentono connesse emotivamente.

- *- Foto e Video:* Mostra foto o video che dimostrino la tua situazione o il tuo progetto. Questo rende la tua richiesta più tangibile e credibile.

- *- Obiettivi Intermedi:* A differenza di Kickstarter, qui puoi impostare vari obiettivi per mostrare come ogni livello di finanziamento aiuta.

- *- Condivisione Diretta:* Invita amici, familiari e conoscenti a condividere la tua campagna. La rete personale è spesso la prima e più importante fonte di finanziamento.

Strategie Generali per una Campagna di Successo

- - *Ricerca di Mercato*: Prima di lanciare, studia campagne simili che hanno avuto successo e quelle che hanno fallito. Impara dai loro errori e strategie.
- - *Engagement Pre-Lancio:* Costruisci un seguito prima del lancio ufficiale. Questo può includere newsletters, social media, o campagne teaser per creare attesa.
- - *Trasparrenza e Comunicazione:* Sii sempre trasparente su come saranno usati i fondi. Rispondi alle domande dei sostenitori prontamente.
- - *Post-Campagna*: Dopo che la campagna finisce, continua a comunicare con i tuoi finanziatori. Aggiornali sul progresso, qualsiasi ritardo, o successi. Questo non solo mantiene la fiducia ma può anche portare a finanziamenti futuri.
- - *Gestione delle Risorse:* Pianifica come gestirai il denaro raccolto. Assicurati che ogni centesimo sia ben speso e possa essere giustificato.

Il crowdfunding non è solo una questione di raccolta fondi; è un esercizio di costruzione di comunità, di storytelling e di gestione delle aspettative. Sia che tu stia lanciando un prodotto innovativo su Kickstarter o cercando supporto per una causa personale su GoFundMe, il successo dipende dalla tua capacità di connetterti con le persone, di raccontare una storia che risuona, e di mantenere un impegno trasparente e continuo con i tuoi sostenitori.

7.2: Interazione con il Pubblico:

Costruire una comunità che supporta finanziariamente

La monetizzazione dei contenuti digitali attraverso crowdfunding e donazioni non avviene nel vuoto; dipende in gran parte dall'interazione con il pubblico e dalla costruzione di una comunità che non solo apprezza il tuo lavoro ma è anche disposta a sostenerlo finanziariamente. In questo sottocapitolo, esploreremo le strategie e i metodi per costruire e mantenere una tale comunità.

1. Conoscere il Tuo Pubblico

Prima di poter costruire una comunità, è essenziale conoscere chi compone il tuo pubblico. Questo non significa solo demografia di base, ma anche:

- - *Interessi:* Cosa li motiva? Quali problemi stai risolvendo per loro?
- - *Valori:* Quali valori condividono? Come possono essere allineati con la tua missione?

171

Utilizza strumenti di analisi digitali per raccogliere queste informazioni, ma anche sondaggi, commenti e feedback diretti. Più dettagliata è la tua comprensione del pubblico, più efficace sarà la tua comunicazione e interazione.

2. Creare Contenuti di Valore

La base per costruire una comunità finanziariamente supportiva è offrire contenuti di alta qualità:

- - *Educativi e Informativi:* Contenuti che aiutano, educano o informano.
- - *Divertenti:* Contenuti che intrattengono o creano un legame emotivo.
- - *Unici:* Offrire qualcosa che non si trova facilmente altrove.

I tuoi contenuti devono rispecchiare l'autenticità e la passione per il tuo lavoro, incoraggiando gli spettatori a voler fare parte del tuo viaggio.

3. Comunicazione Trasparente e Regolare

La trasparenza è la chiave per costruire

fiducia:

- *- Aggiornamenti:* Fornisci aggiornamenti regolari sui tuoi progetti, i progressi, e i successi, ma anche sulle sfide e gli insuccessi.
- *- Feedback*: Invita e rispondi alle critiche costruttive. Mostra che apprezzi l'opinione della comunità.

Utilizza piattaforme come newsletters, pagine social, live streaming per mantenere un dialogo aperto.

4. Coinvolgimento Attivo

Coinvolgendo il tuo pubblico:

- *- Interazioni Personali:* Rispondi ai commenti, partecipa a discussioni, crea eventi virtuali dove puoi interagire direttamente con i tuoi sostenitori.
- *- Sondaggi e Coinvolgimento Decisionale*: Lascia che la tua comunità influenzi le tue decisioni, magari su quale progetto affrontare successivamente o su modifiche ai tuoi contenuti.

Questo non solo aumenta l'impegno ma fa sentire i membri della comunità parte integrante del progetto.

5. Offrire Ricompense e Privilegi

Le persone sono spesso più disposte a donare o contribuire se in cambio ricevono qualcosa di valore:

- *Ricompense Esclusive:* Accesso anticipato, contenuti esclusivi, sessioni di Q&A, o persino menzioni nei tuoi lavori.
- *Livelli di Supporto:* Creare livelli di donazione dove più si dona, più si riceve in termini di benefici o riconoscimenti.

Piattaforme come Patreon sono ideali per questo tipo di modello.

6. Costruire una Storia Condivisa

Ogni comunità prospera su una storia comune:

- *Narrativa*: Racconta la storia del tuo progetto, la tua missione, come ogni contributo fa la differenza.
- *Collaborazioni:* Invita i membri della comunità a contribuire in maniera diretta, magari attraverso contenuti generati dagli utenti, che possono essere integrati nel tuo lavoro.

7. Usare la Tecnologia per Potenziare la Comunità

- *- Piattaforme di Crowdfunding*: Kickstarter, GoFundMe, Patreon non sono solo mezzi di raccolta fondi ma anche di interazione comunitaria.
- *- Forum e Gruppi Privati:* Creare spazi dove la comunità può riunirsi, discutere e costruire relazioni.

8. Eventi e Iniziative Comunitarie

Organizza eventi, siano essi virtuali o fisici (quando possibile):

- *- Webinar e AMA (Ask Me Anything):* Sessioni dove puoi rispondere direttamente alle domande dei tuoi sostenitori.
- *- Sfide e Competizioni*: Coinvolgono la comunità in modo attivo, creando entusiasmo e senso di appartenenza.

9. Riconoscere e Celebrarare i Sostenitori

La gratitudine è un potente strumento di fidelizzazione:

- *- Ringraziamenti Pubblici*: Menzionare i nomi dei donatori, creare una "hall of fame" per i principali sostenitori.

- - *Eventi di Ringraziamento*: Organizzare eventi esclusivi per i tuoi sostenitori come segno di apprezzamento.

10. Sostenibilità e Evoluzione

Una comunità deve evolvere:

- - *Feedback Loop:* Usa il feedback per migliorare continuamente.
- - *Educazione:* Insegna ai tuoi sostenitori l'importanza del loro supporto, come stanno contribuendo al grande quadro.

Conclusione

Costruire una comunità che supporta finanziariamente non è un compito semplice, né si realizza dall'oggi al domani. Richiede dedizione, trasparenza, valore, e una comunicazione costante. È un processo di costruzione di relazioni, dove ogni membro si sente valorizzato e parte di qualcosa di più grande. In un'era dove il contenuto digitale abbonda, la vera sfida è creare un legame emotivo e un senso di comunità che va oltre il semplice consumo di contenuti. Ricorda, le persone non supportano solo un prodotto o un servizio; supportano visioni, sogni, e soprattutto, le persone dietro di essi.

7.3: Donazioni:

Strumenti come PayPal, Ko-fi, e il loro ruolo nella monetizzazione

La monetizzazione dei contenuti digitali attraverso donazioni rappresenta una modalità sempre più popolare per i creatori di contenuti di ricevere supporto finanziario direttamente dai loro fan o sostenitori. In questo sottocapitolo, esploreremo come strumenti come PayPal e Ko-fi possono essere utilizzati per raccogliere donazioni e il loro impatto sul processo di monetizzazione.

PayPal: Il Veterano delle Transazioni Online

PayPal è stato uno dei pionieri nel campo delle transazioni online e continua a essere uno strumento fondamentale per ricevere donazioni. La piattaforma è rinomata per la sua:

- - *Semplicità di Uso*: PayPal consente a qualsiasi persona con un indirizzo email di inviare o ricevere denaro. Questo facilita enormemente il processo di donazione per i sostenitori.
- - *Sicurezza:* Le transazioni su PayPal sono protette, offrendo una garanzia di sicurezza sia per chi dona che per chi riceve. La piattaforma adotta misure antifrode e offre protezione agli acquirenti.
- - *Tariffe*: PayPal offre tariffe competitive, con una struttura che può essere più vantaggiosa per le donazioni rispetto ad altre forme di pagamento. Per le organizzazioni non-profit, PayPal può offrire tariffe scontate o addirittura coprire le tariffe di transazione per le donazioni.
- - *Integrazione*: È facile integrare PayPal con siti web, piattaforme di crowdfunding o perfino nelle descrizioni dei video su piattaforme come YouTube. Questo permette ai creatori di contenuti di posizionare pulsanti di donazione direttamente nelle aree più visibili.
- - *Donazioni Ricorrenti:* PayPal permette di configurare abbonamenti o donazioni ricorrenti, che possono fornire una fonte

di reddito stabile ai creatori.

Ko-fi: La Tazza di Caffè che Supporta la Creatività

Ko-fi è emerso come una piattaforma alternativa per la raccolta di donazioni, offrendo un approccio unico basato sulla micro-donazione:

- - *Modello di Micro-Donazione*: Ko-fi è stato progettato per facilitare donazioni che equivalgono al costo di un caffè, rendendo l'atto di donare più accessibile e meno impegnativo per i sostenitori. Questo approccio è particolarmente attraente per chi vuole supportare piccoli creatori senza un grande impegno finanziario.
- - *Nessuna Commissione sulle Donazioni:* Una caratteristica distintiva di Ko-fi è che non trattiene commissioni sulle donazioni dirette, il che significa che i creatori ricevono l'intero importo donato (escludendo le tariffe di PayPal se utilizzato come metodo di pagamento).
- - *Personalizzazione e Comunicazione:* Ko-fi permette ai creatori di

personalizzare la loro pagina, condividere aggiornamenti, e persino vendere commissioni o prodotti digitali. Questo crea una connessione diretta con i sostenitori, migliorando l'engagement.

- - *Facilità di Accesso:* Simile a PayPal, Ko-fi è facile da usare. I sostenitori possono donare tramite PayPal o con carte di credito/debito senza bisogno di un account Ko-fi.

- - *Flessibilità:* Supporta sia donazioni una tantum che ricorrenti, dando ai sostenitori la possibilità di scegliere come vogliono contribuire.

Il Ruolo di Questi Strumenti nella Monetizzazione

La monetizzazione attraverso donazioni gioca un ruolo chiave per diverse ragioni:

- - *Supporto Diretto:* Questi strumenti consentono ai creatori di ricevere supporto diretto dai loro fan. Questo bypassa spesso le piattaforme che prendono una percentuale significativa dei guadagni.

- - *Sostenibilità:* Le donazioni possono

offrire una base finanziaria più sostenibile, specialmente attraverso le opzioni di donazione ricorrente, permettendo ai creatori di pianificare meglio le loro attività.

- - *Comunità e Fiducia*: Accettare donazioni attraverso piattaforme come PayPal e Ko-fi costruisce una relazione di fiducia tra creatore e sostenitore. I donatori sentono che stanno contribuendo direttamente al successo di chi supportano.
- - *Accessibilità Globale:* Questi strumenti facilitano la ricezione di donazioni da tutto il mondo, espandendo potenzialmente la base di sostenitori oltre i confini nazionali.
- - *Semplificazione delle Tasse*: Con PayPal, i creatori ricevono un report annuale delle transazioni che può facilitare la dichiarazione dei redditi. Tuttavia, è importante notare che le leggi fiscali variano e le donazioni potrebbero essere soggette a imposte a seconda della giurisdizione e del volume delle donazioni ricevute.

Sfide e Considerazioni

Nonostante i vantaggi, ci sono anche sfide da considerare:

- - *Concorrenza per l'Attenzione:* Con molti creatori che usano queste piattaforme, ottenere donazioni richiede visibilità e una connessione autentica con il pubblico.
- - *Stabilità dei Redditi:* Le donazioni possono essere imprevedibili, rendendo difficile la pianificazione finanziaria a lungo termine.
- - *Obblighi Fiscali:* La gestione delle tasse può diventare complessa, specialmente se le donazioni crescono significativamente.
- - *Frode e Sicurezza:* Anche se piattaforme come PayPal hanno misure di sicurezza robuste, le frodi possono ancora verificarsi, richiedendo attenzione continua.

Conclusioni

Strumenti come PayPal e Ko-fi trasformano il concetto di supporto finanziario per i creatori di contenuti digitali, rendendo le donazioni una via accessibile, flessibile e personale per monetizzare. Mentre offrono opportunità significative per costruire una base di sostenitori fedeli, i creatori devono anche navigare attraverso le complessità della gestione finanziaria e della costruzione di una comunità attiva e coinvolta. La chiave per il successo con queste piattaforme risiede non solo nell'uso efficiente degli strumenti ma anche nella capacità di comunicare valore, costruire relazioni e gestire le aspettative dei sostenitori.

Capitolo 8: Sfruttare i Social Media

I social media hanno rivoluzionato il modo in cui interagiamo, condividiamo informazioni, e costruiamo comunità online. Per chi si occupa di creare e monetizzare contenuti digitali, le piattaforme social sono diventate un'arena cruciale dove non solo promuovere il proprio lavoro ma anche costruire una base di sostenitori che possono trasformarsi in clienti o finanziatori. Questo capitolo esplora come sfruttare al meglio i social media per monetizzare i tuoi contenuti digitali, offrendo strategie concrete e pratiche.

Definire il Tuo Pubblico

Il primo passo per sfruttare i social media è conoscere a fondo il tuo pubblico. Ogni piattaforma ha una demografia diversa:

- - _Instagram:_ Ideale per contenuti visivi, si rivolge a un pubblico giovane che ama moda, bellezza, cibo, e viaggi.

184

- • - *Facebook*: Più variegato, ottimo per community building, campagne pubblicitarie mirate e gruppi di interesse.
- • - *Twitter:* Perfetto per conversazioni in tempo reale, notizie, e networking professionale.
- • - *LinkedIn*: Primariamente per il networking professionale e il B2B.
- • - *YouTube*: Dominante per i video, con un vasto pubblico per tutorial, recensioni, intrattenimento.
- • - *TikTok:* Cresce rapidamente tra i giovani, ideale per contenuti brevi, virali, e tendenze.

Definisci chi è il tuo pubblico ideale: età, interessi, abitudini online, e quale tipo di contenuto preferiscono. Questo ti aiuterà a scegliere le piattaforme giuste e a creare contenuti che risuonino veramente con loro.

Creazione di Contenuti di Qualità

L'essenza del successo sui social media è il contenuto:

- • - *Autenticità:* Le persone apprezzano la sincerità. Condividi storie personali, dietro le quinte, e momenti genuini.

- - *Valore:* Offri contenuti che educano, intrattengono o ispirano. Questo potrebbe includere tutorial, consigli, storie, meme rilevanti, o riflessioni.
- - *Visual Storytelling:* Su Instagram, TikTok, o Pinterest, la qualità visiva è cruciale. Usa filtri, editing, e una coerenza visiva per creare un marchio riconoscibile.
- - *Interattività:* Coinvolgi il tuo pubblico con domande, sondaggi, dirette, e storie. L'interazione aumenta la visibilità grazie agli algoritmi delle piattaforme.

Monetizzazione Diretta e Indiretta

Monetizzazione Diretta:

- - *Sponsorizzazioni e Collaborazioni:* Collabora con brand che si allineano ai tuoi valori e contenuti.
- - *Micro-influencer:* Anche con un seguito minore, puoi trovare collaborazioni se il tuo pubblico è ben definito e coinvolto.
- - *Vendita di Prodotti:* Usa Instagram Shopping, Pinterest o altri strumenti per vendere direttamente dai social.

186

- - *Donazioni:* Piattaforme come Patreon, Ko-fi, o un semplice pulsante di donazione su YouTube possono raccogliere fondi dai sostenitori.
- - *Advertising:* Se hai un grande seguito, puoi partecipare al programma di partnership di YouTube o ai contenuti sponsorizzati su altre piattaforme.

Monetizzazione Indiretta:

- - *Brand Building:* Utilizza i social per costruire la tua identità di marca. Un forte brand online può portare a opportunità offline.
- - *Lead Generation*: Usa le lead ads su Facebook o LinkedIn per raccogliere contatti di potenziali clienti.
- - *Affiliate Marketing*: Promuovi prodotti o servizi che utilizzi e guadagna una commissione su ogni vendita.

Strategie di Crescita e Engagement

- - *Consistenza:* Posta regolarmente, ma non sacrificare la qualità per la quantità. Un calendario editoriale aiuta.
- - *Analisi:* Utilizza gli strumenti di analisi per capire cosa funziona. Modifica la tua

strategia in base ai dati.

- - *Hashtag e Trends*: Su Instagram e TikTok, hashtag rilevanti e partecipare a trend può aumentare la visibilità.
- - *Collaborazioni:* Coinvolgi altri creatori di contenuti per cross-promotion. Questo può espandere la tua audience.
- - *User Generated Content:* Incoraggia i tuoi follower a creare contenuti legati al tuo brand. Questo non solo aumenta l'engagement ma anche la fiducia attraverso testimonianze autentiche.

Gestione della Presenza Online

- - *Reputazione:* Rispondi ai commenti, sia positivi che negativi, con professionalità. Mostra il tuo lato umano ma mantieni la calma.
- - *Crisi Management*: Sii preparato a gestire situazioni delicate. Una reazione tempestiva e onesta può salvare la tua reputazione.
- - *SEO per i Social:* Anche su piattaforme social, le parole chiave nel tuo profilo e nei tuoi post possono migliorare la tua visibilità.
- - *Automazione e Tools:* Strumenti come Buffer, Hootsuite, o Later possono aiutarti a programmare i post e

monitorare le performance.

Case Study e Ispirazione

Guardare a chi ha già successo può fornire grande ispirazione e idee pratiche:

- - *Influencer:* Analizza come personaggi come Chiara Ferragni o Casey Neistat hanno monetizzato i loro contenuti.
- - *Brands:* Vedi come aziende come GoPro o Airbnb usano i social per creare comunità e promuovere i loro servizi.

Conclusione

Sfruttare i social media per monetizzare i tuoi contenuti digitali richiede una strategia ben pensata, coerenza, e una profonda comprensione del tuo pubblico. Non si tratta solo di pubblicare contenuti, ma di creare un dialogo, costruire una comunità, e offrire valore che giustifichi un investimento, sia esso emotivo, sociale o finanziario, da parte dei tuoi follower. Ricorda, ogni piattaforma ha le sue peculiarità: abbraccia queste differenze per massimizzare il tuo impatto. Man mano che il paesaggio digitale evolve, anche le strategie di monetizzazione devono adattarsi, rimanendo autentici e reattivi alle nuove tendenze e tecnologie.

8.1: Strategie per Ogni Piattaforma:

Come monetizzare su Instagram, YouTube, TikTok, ecc.

La monetizzazione attraverso i social media è diventata una delle strategie più efficaci per trasformare la passione per i contenuti digitali in una fonte di reddito. Ogni piattaforma offre opportunità uniche, che richiedono approcci differenti per massimizzare il potenziale di guadagno. Ecco una panoramica dettagliata su come monetizzare su alcune delle piattaforme più popolari: Instagram, YouTube, e TikTok.

Instagram

1. Collaborazioni con Brand:
   - Influencer Marketing: Instagram è noto per essere un hub per l'influencer marketing. I brand sono sempre alla ricerca di influencer con un pubblico coinvolto per promuovere i loro prodotti. La chiave qui è costruire un rapporto autentico con il tuo pubblico, in modo che le collaborazioni risultino naturali e non forzate. Le tariffe possono variare notevolmente, ma con un seguito significativo,

un post sponsorizzato può portare entrate considerevoli.

2. Affiliate Marketing:

- _Link in Bio:_ Con l'introduzione di nuove funzionalità, come Instagram Shopping e i link cliccabili nelle storie, è possibile monetizzare attraverso link di affiliazione. Promuovere prodotti o servizi che si allineano con il tuo stile di vita o la tua nicchia può generare commissioni per ogni vendita effettuata tramite il tuo link.

3. Instagram Shop:

- Se vendi prodotti fisici, Instagram Shop offre una vetrina diretta per i tuoi articoli. Puoi taggare prodotti nei post e nelle storie, facilitando così l'acquisto immediato da parte dei tuoi follower.

4. Contenuti Esclusivi:

- _Abbonamenti e Contenuti Premium:_ Instagram ha introdotto abbonamenti per i creator, permettendo ai follower di pagare per contenuti esclusivi. Questo può includere post solo per abbonati, storie speciali, o accesso a live esclusive.

YouTube

1. Programma Partner di YouTube:

- Una volta raggiunti i requisiti di 1.000 iscritti e 4.000 ore di visualizzazione nei 12 mesi precedenti, puoi attivare la monetizzazione tramite AdSense. Le entrate provengono principalmente dalle pubblicità che vengono mostrate nei tuoi video. Tuttavia, il guadagno per visualizzazione può variare in base a diversi fattori come nicchia, regione e engagement.

2. Affiliazioni e Merchandising:

- *Affiliate Links:* Inserire link di affiliazione nelle descrizioni del video o attraverso gli scaffali di prodotti può generare reddito dalle vendite generate.

- *Merchandising*: YouTube offre la possibilità di vendere merchandise direttamente attraverso la piattaforma, sfruttando il legame emotivo con il tuo pubblico.

3. Super Chat e Donazioni:

- Durante le live streaming, i fan possono acquistare "Super Chat" per far risaltare i loro messaggi, oppure donare tramite "Super

Stickers", che converte queste interazioni in entrate per il creator.

4. Membri del Canale:
- Offrire livelli di abbonamento con vantaggi esclusivi (come emoji personalizzate, badge, contenuti bonus) può creare un flusso di reddito regolare.

TikTok

1. TikTok Creator Fund:
- TikTok ha iniziato a remunerare i suoi creator attraverso un fondo dedicato. Questo non è un metodo immediatamente redditizio come altre piattaforme, ma può integrare le entrate per coloro che producono contenuti virali.

2. Live Gifts:
- Durante le live, i follower possono inviare regali virtuali che si traducono in una forma di valuta interna di TikTok, poi convertibili in denaro reale.

3. Collaborazioni e Sponsorizzazioni:

- Anche su TikTok, le collaborazioni con brand sono comuni. La piattaforma è particolarmente adatta per prodotti che si prestano a dimostrazioni rapide e visivamente accattivanti.

4. TikTok Shop:
- Simile a Instagram, TikTok ha iniziato ad integrare funzionalità di e-commerce, permettendo ai creator di vendere prodotti direttamente attraverso la piattaforma.

Strategie Generali per la Monetizzazione

- - *Creazione di un Brand Personale Forte*: Indipendentemente dalla piattaforma, la tua identità e coerenza sono fondamentali. Un brand riconoscibile attira collaborazioni e apre le porte a diverse forme di monetizzazione.
- - *Engagement:* Alta interazione con il pubblico aumenta il valore della tua presenza online. Commenti, like, condivisioni, e interazioni dirette (come le risposte alle storie su Instagram o ai commenti su YouTube) sono cruciali.
- - *SEO per Social Media*: Capire come funzionano gli algoritmi di ogni

piattaforma può aiutarti a ottimizzare i tuoi contenuti affinché raggiungano un pubblico più ampio, aumentando così le possibilità di monetizzazione.

- *Diversificazione:* Non affidarsi a una sola piattaforma o metodo di guadagno. La diversificazione delle entrate attraverso vari canali (prodotti digitali, consulenze, affiliazioni) rende il tuo business online più resiliente.

- *Analisi e Adattamento:* Utilizzare strumenti come Instagram Insights, YouTube Analytics, o i dati di TikTok per comprendere ciò che funziona e adattare la propria strategia di contenuti di conseguenza.

La monetizzazione sui social media richiede non solo creatività e costanza, ma anche una strategia ben pensata che sappia sfruttare le peculiarità di ogni piattaforma. Il successo non è immediato; richiede tempo per costruire un'audience fedele e trovare le giuste opportunità di guadagno. Tuttavia, con l'impegno e la giusta strategia, è possibile trasformare la propria presenza digitale in una carriera redditizia.

8.2: Creazione di Contenuti Sponsorizzati:

Accordi con Brand e Come Negoziare

La creazione di contenuti sponsorizzati rappresenta una delle forme più dirette e spesso redditizie per monetizzare i tuoi contenuti digitali. Questo tipo di accordo tra creator e brand permette non solo di generare entrate ma anche di aumentare la visibilità del tuo lavoro. Tuttavia, per sfruttarne appieno il potenziale, è essenziale comprendere come impostare e negoziare questi accordi in modo efficace.

Comprendere il Valore dei Tuoi Contenuti

Prima ancora di avvicinarsi ai brand, è cruciale avere una chiara comprensione del valore che i tuoi contenuti portano al tavolo. Questo include:

- • - *Dimensioni e Qualità del Pubblico:* Non

196

si tratta solo del numero di follower, ma del livello di coinvolgimento (engagement rate) e della demografia del tuo pubblico. Un pubblico altamente coinvolto e ben definito può valere molto di più di un semplice numero di seguaci.

- *- Metriche di Coinvolgimento:* Quanti like, commenti, condivisioni ottengono i tuoi post? Quanto tempo i tuoi spettatori trascorrono sui tuoi video? Queste metriche sono fondamentali per dimostrare il tuo impatto.

- *- Nicchia e Autenticità*: Essere specializzato in una nicchia può aumentare il tuo valore se questa è rilevante per il brand. L'autenticità nel tuo contenuto può costruire fiducia e fedeltà, qualcosa che i brand cercano di sfruttare.

Approccio ai Brand

1. *Ricerca:* Identifica i brand che si allineano con il tuo contenuto e la tua audience. Utilizza strumenti come LinkedIn, eventi di settore, oppure piattaforme di networking come Instagram per trovare i contatti giusti.

2. *Creazione di un Media Kit:* Un media kit professionale dovrebbe includere:
   - Una breve biografia.
   - Statistica dell'audience (demografiche, engagement).
   - Esempio di lavori precedenti, soprattutto collaborazioni di successo.
   - Tariffe per diversi tipi di contenuti (post, storie, video, ecc.).

3. *Prima Comunicazione:* Invia un'email o un messaggio diretto ben strutturato. Evita di essere troppo generico; mostra che hai fatto la tua ricerca e che il tuo contenuto può apportare valore specifico al loro brand.

Negoziazione degli Accordi

- - *Compenso*: Definisci chiaramente il tuo compenso. Può essere basato su post, performance (come vendite o lead), o un mix. Considera se vuoi un pagamento anticipato o a progetto completato.
- - *Esempio:* "Il mio compenso per un post sponsorizzato su Instagram è di $X. Per campagne che includono più contenuti o video, il prezzo può variare."
- - *Libertà Creativa*: Afferma la tua

necessità di mantenere il controllo creativo per assicurare che il contenuto rimanga autentico e in linea con il tuo brand personale.

- - *Esempio:* "Mentre sono aperto a suggerimenti, mi riservo il diritto di adattare il contenuto per garantire che rispecchi il mio stile e la mia voce."
- - *Diritti e Utilizzo del Contenuto:* Chi può utilizzare il contenuto, per quanto tempo e in che modo? Specifica se il brand può riutilizzare il contenuto e se questo richiede una tassa aggiuntiva.
- - *Esempio:* "Il brand può utilizzare il contenuto sul loro sito web e social media per un periodo di 3 mesi. L'utilizzo oltre questo periodo richiederà una negoziazione separata."
- - *Esclusività:* Discuti se l'accordo implica esclusività, precludendo collaborazioni con concorrenti diretti per un certo periodo.
- - *KPI e Reporting:* Chiarisci come verranno misurati il successo e il ROI della collaborazione. Potrebbe essere utile concordare sui Key Performance Indicators (KPI) e su come verrà fornito il feedback.

Formalizzare l'Accordo

- - *Contratti:* Anche se si tratta di un piccolo brand o di una collaborazione non ufficiale, avere un contratto è sempre una buona pratica. Questo dovrebbe includere tutti i punti negoziati, tempistiche di pagamento, clausole di riservatezza, ecc.
- - *Avvocato o Agente*: Se possibile, fai controllare il contratto da un professionista. Anche se costa, protegge entrambe le parti e garantisce che i termini siano legalmente vincolanti.

Esecuzione e Follow-up

- - *Creazione e Pubblicazione*: Una volta che l'accordo è in atto, crea e pubblica il contenuto. Assicurati che la collaborazione sia chiaramente etichettata come sponsorizzata secondo le linee guida di ogni piattaforma e le normative locali.
- - *Performance Tracking:* Monitora le performance del contenuto sponsorizzato. Questo non solo ti aiuta a dimostrare il valore del tuo lavoro ma serve anche come base per future negoziazioni.

- - *Feedback:* Dopo la pubblicazione, chiedi feedback al brand. Questo può migliorare le collaborazioni future e dimostra il tuo interesse per un rapporto duraturo.
- - *Pagamento:* Assicurati che il pagamento sia ricevuto secondo quanto stabilito. In caso di problemi, avere un contratto scritto può facilitare la risoluzione delle controversie.

Considerazioni Finali

- - *Relazioni:* Coltiva le relazioni con i brand. Una collaborazione di successo può portare a future opportunità.
- - *Educazione Continua:* Tieni aggiornate le tue conoscenze sulle migliori pratiche di negoziazione, le tendenze del marketing digitale e le politiche delle piattaforme sociali.
- - *Integrità:* Non compromettere mai la tua integrità per un accordo. La tua reputazione e la fiducia del tuo pubblico sono cruciali per la tua carriera a lungo termine.

Creare contenuti sponsorizzati è un'arte che richiede equilibrio tra mantenere la tua autenticità e soddisfare le esigenze di un brand. Negoziare in modo efficace non solo può aumentare il tuo reddito ma anche costruire una carriera sostenibile come content creator.

8.3: Leverage su TikTok e Instagram Live:

Monetizzare attraverso dirette, regali, e abbonamenti

Introduzione alla Monetizzazione delle Dirette

Le dirette su TikTok e Instagram non sono solo un modo per connettersi in tempo reale con i propri follower; rappresentano anche un'opportunità significativa per monetizzare il proprio contenuto. Questa modalità di interazione diretta permette ai creator di sfruttare le funzionalità uniche di ciascuna piattaforma per creare flussi di reddito diversificati. La chiave per sfruttare appieno queste opportunità risiede nella comprensione delle specifiche funzionalità di monetizzazione di TikTok e Instagram e nell'implementazione di strategie mirate a massimizzare l'engagement e le entrate.

TikTok LIVE: Regali Virtuali e Diamanti

1. Regali durante le Live:

- - Su TikTok, una delle principali modalità di monetizzazione durante le live è attraverso i regali virtuali. Gli spettatori possono acquistare monete con denaro reale e poi usarli per inviare regali alle LIVE. Questi regali, una volta ricevuti, si tramutano in diamanti per il creator.

- - *Funzionamento:* Durante una diretta, i follower possono cliccare sull'icona del regalo per scegliere tra vari regali virtuali, ciascuno con un costo in monete. Dopo che un regalo viene inviato, il creator guadagna in diamanti, che possono essere convertiti in denaro reale tramite il programma Diamond. La conversione dei diamanti avviene con un tasso variabile, ma rappresenta un incentivo diretto per i creator ad andare live frequentemente e creare contenuti coinvolgenti.

2. Creator Fund & Altri Programmi:

- - Oltre ai regali, TikTok ha implementato il Creator Fund, che permette ai creator di guadagnare in base al numero di visualizzazioni dei loro video. Sebbene non direttamente legato alle live, aumenta il valore complessivo della presenza su TikTok.

Strategie per TikTok:

- - *Interattività:* Coinvolgere il pubblico con domande o sfide può incentivare l'invio di regali.
- - *Regolarità*: Programmare regolarmente le live per costruire una base di spettatori abituali.
- - *Qualità del Contenuto*: Offrire contenuti unici o esclusivi durante le live per mantenere alto l'interesse.

Instagram Live: Badge, Donazioni e Abbonamenti

1. Badge e Donazioni:

- - Instagram permette ai follower di comprare badge durante le sessioni live, che in pratica sono donazioni dirette al creator. Questi badge appaiono accanto al nome del donatore nei commenti, offrendo un riconoscimento visibile.

- - _Implementazione_: I badge sono acquistabili direttamente durante la live, offrendo quindi un modo semplice per i fan di mostrare il loro supporto economicamente.

2. Abbonamenti:

- - Una delle novità più recenti su Instagram sono gli abbonamenti, che consentono ai creator di offrire contenuti esclusivi in cambio di una quota mensile.
- - _Benefici per i Fan_: Gli abbonati possono ottenere accesso a storie esclusive, badge speciali, e interazioni privilegiate. Questo non solo aumenta l'engagement ma stabilizza anche le entrate mensili per il creator.

Strategie per Instagram:

- - _Utilizzo degli Abbonamenti:_ Promuovere i vantaggi degli abbonamenti prima e durante le live per incoraggiare la sottoscrizione.
- - _Collaborazioni Live:_ Invitare altri creator o esperti per sessioni informative

o Q&A, che possono aumentare sia la visibilità che il potenziale di monetizzazione attraverso donazioni.

- - *Chiamate all'Azione:* Esortare i follower a partecipare attivamente, chiedendo loro di lasciare commenti, fare domande o inviare badge per rendere la sessione più dinamica.

Considerazioni Generali per la Monetizzazione Live

- - *Costruire una Community:* La chiave per il successo nelle live è avere una comunità attiva. Questo significa interagire regolarmente con i follower, rispondere ai commenti, e fare sentire i fan parte di qualcosa di esclusivo.
- - *Qualità sopra Quantità:* Anche se andare live spesso può essere vantaggioso, la qualità delle sessioni è fondamentale. Offrire contenuti di valore, siano essi intrattenimento, educazione o approfondimenti dietro le quinte della vita del creator, può fare la differenza.
- - *Promozione*: Utilizzare altre piattaforme per promuovere le tue live. Ad esempio, annunciare una diretta su Instagram attraverso storie o post su

TikTok può attirare più spettatori.

- - *Interazione con i Brand:* Le live offrono anche una piattaforma per collaborazioni con i brand. Promuovere prodotti durante le sessioni live può essere un'altra fonte di entrate.
- - *Analisi e Adattamento:* Utilizzare gli strumenti analitici di TikTok e Instagram per capire quale tipo di contenuto in live genera più engagement e, di conseguenza, più guadagni.

Conclusioni

Monetizzare attraverso le dirette su TikTok e Instagram richiede una combinazione di creatività, interazione e strategia. I regali virtuali, le donazioni e gli abbonamenti non solo offrono modi diretti per guadagnare ma anche per costruire relazioni più profonde con la propria audience. Sfruttando queste funzionalità, i creator possono trasformare il semplice atto di andare live in una fonte di reddito sostenibile. Tuttavia, è essenziale mantenere un equilibrio tra la spinta alla monetizzazione e la qualità del contenuto offerto, assicurandosi che l'audience percepisca valore in cambio del loro supporto finanziario.

Nel panorama digitale attuale, dove l'attenzione è una risorsa scarsa, chi riesce a catturare e mantenere l'interesse del pubblico durante le live non solo si posiziona meglio per la monetizzazione ma anche per un successo a lungo termine come influencer o content creator.

Capitolo 9: Eventi Online e Webinar

Negli ultimi anni, gli eventi online e i webinar hanno guadagnato una significativa trazione come strumenti di monetizzazione per creator digitali, imprenditori, e aziende. Questa forma di engagement digitale non solo offre la possibilità di connettersi con un pubblico globale, ma anche di creare flussi di reddito sostenibili attraverso diverse modalità. In questo capitolo, esploreremo come organizzare, promuovere e monetizzare eventi online e webinar, fornendo una guida completa per trasformare questi eventi in opportunità lucrative.

Pianificazione e Preparazione

1. Definire l'Obiettivo:

- - Prima di tutto, definisci chiaramente l'obiettivo del tuo evento. Vuoi educare, intrattenere, vendere un prodotto, o costruire una comunità? Il tuo obiettivo guiderà la struttura, il contenuto e la strategia di monetizzazione del tuo webinar o evento online.

2. Scelta della Piattaforma:

- La scelta della piattaforma è cruciale. Piattorme come Zoom, Google Meet, WebinarJam, e anche piattaforme di social media come Facebook Live o YouTube Live offrono diverse funzionalità. Considera aspetti come:

- • - Numero massimo di partecipanti.
- • - Funzionalità interattive come Q&A, sondaggi, o breakout rooms.
- • - Qualità audio/video.
- • - Possibilità di registrazione e replay.

3. Contenuto di Qualità:

- Il contenuto deve essere ben strutturato, pertinente e di valore. Puoi optare per formati come:

- • - Webinar educativi o formativi.
- • - Tavole rotonde con esperti del settore.
- • - Dimostrazioni di prodotto o servizio.
- • - Sessioni di coaching o consulenza in diretta.

Strategie di Monetizzazione

1. Vendita di Biglietti:

- • - *Eventi a Pagamento:* Gli eventi

possono essere monetizzati direttamente vendendo biglietti di accesso. Piattorme come Eventbrite o direttamente attraverso le piattaforme di webinar permettono di configurare facilmente pagamenti.

- - *Tiered Pricing*: Offri livelli di accesso differenti con prezzi variabili. Ad esempio, un biglietto base per l'accesso live e uno premium che include accesso ai replay, materiale aggiuntivo, o sessioni Q&A esclusive.

2. Sponsorships e Collaborazioni:

- - *Brand Partnerships*: Collabora con marchi che potrebbero essere interessati a sponsorizzare il tuo evento. Questo potrebbe includere la menzione del brand durante l'evento, banner pubblicitari, o sessioni sponsorizzate.

3. Prodotti e Servizi Affiliati:

- - Affiliate Marketing: Promuovi prodotti o servizi correlati al tema del tuo evento. Puoi guadagnare una commissione su ogni vendita generata attraverso il tuo link di affiliazione.

4. Contenuti Premium:
- Dopo l'evento, puoi offrire contenuti esclusivi come:

- • - Accesso ai video di replay.
- • - Download di materiale didattico o slides.
- • - Accesso a community private o gruppi su piattaforme sociali per ulteriori interazioni.

5. Subscription Models:

- • - *Membri e Abbonamenti*: Se il tuo contenuto è tale da giustificare un accesso continuativo, considera di offrire un abbonamento mensile o annuale per contenuti esclusivi o eventi futuri.

Promozione dell'Evento

- • - *Email Marketing:* Usa le tue liste di email per inviare inviti personalizzati, promemoria e follow-up. La promozione via email è spesso la più efficace per convertire iscrizioni.
- • - *Social Media:* Crea un buzz intorno

all'evento con post, storie, e dirette sui social media. Usa hashtag specifici per l'evento per aumentare la visibilità.

- - *Landing Pages*: Una landing page dedicata con tutte le informazioni sull'evento, un form di iscrizione, e CTA chiari è essenziale. Utilizza strumenti di SEO per ottimizzare la pagina per ricerche pertinenti.
- - *Content Marketing:* Scrivi articoli, blog post, o produci video che trattano temi correlati al tuo evento per attirare pubblico interessato.

Interazione e Engagement

- - *Gamification:* Introduce elementi di gioco come quiz, premi per la partecipazione attiva, o badge per incoraggiare l'engagement.
- - *Q&A e Interazioni Live:* Dedica tempo per rispondere alle domande del pubblico. Questo non solo aumenta il valore percepito dell'evento ma dimostra anche la tua competenza e disponibilità.
- - *Feedback:* Incoraggia il feedback post-evento per migliorare le future edizioni e per raccogliere dati sui partecipanti per il marketing futuro.

Considerazioni Finali

1. Qualità Tecnica:
  - Assicurati che la qualità audio e video sia eccellente. Testa la tua configurazione tecnica prima dell'evento. Un evento con problemi tecnici può rovinare l'esperienza degli spettatori.

2. Follow-up:
  - Dopo l'evento, non limitarti a ringraziare i partecipanti. Offri loro contenuti aggiuntivi, sconti su futuri eventi, o inviti a community esclusive.

3. Analisi dei Risultati:
  - Analizza il successo dell'evento attraverso dati di partecipazione, tassi di iscrizione, feedback, e, soprattutto, il ROI (Return on Investment). Questo ti aiuterà a perfezionare le strategie future.

4. Riproporre i Contenuti:
  - I contenuti degli eventi online possono essere riutilizzati in diversi formati: video on demand, articoli blog, podcast, o addirittura libri.

Organizzare eventi online e webinar non è più solo una tendenza, ma una parte integrante della strategia di monetizzazione digitale. Con la giusta preparazione, promozione e approccio all'engagement, questi eventi possono diventare una fonte significativa di reddito e un modo efficace per costruire e mantenere una comunità di seguaci fedeli. Ricorda, il successo di un evento online non risiede solo nella sua esecuzione, ma anche nella capacità di creare valore continuo per il tuo pubblico.

9.1: Organizzare Eventi Pagati:

Workshop, Masterclass, o Conferenze Virtuali

L'era digitale ha rivoluzionato il modo in cui creiamo e consumiamo contenuti, aprendo nuove frontiere per la monetizzazione attraverso eventi online. Organizzare eventi pagati come workshop, masterclass o conferenze virtuali non solo offre un'opportunità di guadagno immediato ma anche un modo per costruire una comunità attorno al proprio brand o expertise. Ecco una guida dettagliata su come pianificare e realizzare questi eventi digitali in modo efficace.

1. Definizione degli Obiettivi

Prima di tutto, è essenziale definire chiaramente l'obiettivo dell'evento. Vuoi educare, informare, o forse entrambe le cose? Il tuo evento mira a vendere un prodotto o servizio, o piuttosto a posizionarti come un'autorità nel tuo settore?

- - *Educativo:* Se lo scopo è educativo, come in un workshop o una masterclass, il focus sarà sulla qualità del contenuto e l'interazione con i partecipanti.
- - *Informativo*: Per le conferenze, potresti puntare più sull'ampiezza del materiale coperto e sulla rete di contatti che si possono creare.

2. Selezione della Piattaforma

La scelta della piattaforma gioca un ruolo cruciale. Deve supportare:

- *- Alta Qualità Audio/Video:* Per mantenere l'interesse dei partecipanti.
- *- Interattività:* Funzionalità come chat dal vivo, Q&A, sondaggi, e breakout rooms

  possono aumentare il coinvolgimento.

- *- Facilità di Accesso:* La piattaforma deve essere user-friendly sia per l'organizzatore che per i partecipanti.

Alcune piattaforme popolari includono Zoom, Microsoft Teams, WebinarJam, e anche piattaforme specializzate come Hopin o Airmeet che offrono ambienti virtuali più immersivi.

3. Contenuti e Struttura
Creazione di Contenuti:

- *- Preparazione*: Prepara materiali aggiuntivi come slide, handout, o video

  introduttivi.

- *- Struttura:* Dividi l'evento in segmenti per mantenere l'attenzione. Ad esempio:

217

- - *Introduzione*: Spiega l'obiettivo dell'evento.
- - *Sessioni Principali*: Con contenuti educativi o informativi.
- - *Break:* Momenti per interazioni sociali, networking, o attività interattive.
- - *Q&A:* Sessioni di domande e risposte per chiarimenti.
- - *Conclusione*: Riassunto, call-to-action, e next steps.

4. Marketing e Promozione

L'evento deve essere conosciuto:

- - *Email Marketing*: Invia inviti tramite newsletter. Personalizza le email per aumentare l'engagement.
- - *Social Media:* Usa piattaforme come LinkedIn per eventi professionali, Instagram per contenuti visivi, e Twitter per annunci rapidi e networking.
- - *Collaborazioni:* Invita influencer o professionisti del settore a partecipare o promuovere l'evento.
- - *SEO e Content Marketing:* Crea contenuti correlati sul tuo blog o sito web, ottimizzati per i motori di ricerca, per attirare partecipanti attraverso Google.

5. Monetizzazione

- - *Ticketing System:* Decidere il prezzo è cruciale. Potresti optare per:
- - *Early Bird:* Sconti per chi si iscrive presto.
- - *Tiered Pricing*: Diversi livelli di accesso (base, premium, VIP) con vari benefici.
- - *Sponsorship:* Coinvolgi aziende o marchi interessati al tuo pubblico per coprire i

  costi o aumentare il valore dell'evento per i partecipanti.

- - *Materiali Aggiuntivi:* Offri certificati, accesso a contenuti esclusivi post-evento, o

  sessioni one-on-one come extra.

6. Gestione del Giorno dell'Evento

- - *Registrazione e Accesso:* Assicurati che il processo di registrazione sia fluido e che i partecipanti ricevano istruzioni chiare su come accedere all'evento.
- - *Moderazione*: Avere un moderatore che gestisca le sessioni, soprattutto nei Q&A, può migliorare l'esperienza utente.
- - *Feedback Realtime:* Usa sondaggi o

feedback istantanei per adattare l'evento in corso alle esigenze del pubblico.

7. Post-Evento

- - *Follow-up*: Invia un'email di ringraziamento con materiali aggiuntivi, link alla registrazione, e forse un sondaggio di feedback.
- - *Comunità*: Mantieni vivo l'interesse con gruppi social dedicati, forum, o newsletter periodiche.

8. Misurazione del Successo

- - *Partecipazione:* Numero di iscrizioni vs. partecipanti effettivi.
- - *Engagement:* Interazioni durante l'evento, domande poste, feedback ricevuti.
- - *Redditività:* Valuta se l'evento ha coperto i costi e generato profitto.

9. Iterazione e Miglioramento

Utilizza il feedback per migliorare i futuri eventi. Forse c'è bisogno di una piattaforma diversa, contenuti più specifici, o un diverso approccio al marketing.

Organizzare eventi virtuali pagati richiede una combinazione di pianificazione strategica, marketing efficace, e un'attenzione continua all'esperienza del partecipante. Con il giusto approccio, questi eventi possono non solo diventare una fonte di reddito ma anche posizionarti come leader di pensiero nel tuo settore, aumentando il tuo brand e creando una rete di contatti che può essere inestimabile per il tuo successo a lungo termine.

9.2: Piattaforme per Webinar: Zoom, WebinarJam, e Come Promuovere e Vendere Accessi

Nel panorama digitale attuale, i webinar rappresentano un'opportunità eccellente per educare, informare e vendere prodotti o servizi direttamente al proprio pubblico. La scelta della piattaforma giusta per ospitare questi eventi virtuali è cruciale per garantire un'esperienza utente di alta qualità, facilitare l'interazione e, soprattutto, monetizzare efficacemente. Oggi, esamineremo due delle piattaforme più popolari, Zoom e WebinarJam, e discuteremo delle strategie per promuovere e vendere l'accesso ai webinar.

Zoom per i Webinar
Caratteristiche e Vantaggi:

- - *Facilità di Uso*: Zoom è noto per la sua interfaccia intuitiva che permette a chiunque, anche senza competenze tecniche avanzate, di ospitare un webinar.
- - *Capacità:* Zoom offre diverse opzioni di abbonamento, con la possibilità di avere webinar con fino a 10.000 partecipanti, rendendolo adatto per eventi di grandi dimensioni.
- - *Interattività*: Offre funzionalità come chat, Q&A, sondaggi in tempo reale, e la possibilità di mettere in evidenza i partecipanti, aumentando l'engagement.
- - *Integrazione:* Si integra facilmente con altre piattaforme di marketing e CRM, facilitando la gestione delle registrazioni e delle analisi post-evento.
- - *Monetizzazione:* Grazie all'integrazione

con Eventbrite, è possibile vendere biglietti per i webinar direttamente dalla piattaforma.

Utilizzo per la Monetizzazione:

- *- Pagamento d'Ingresso:* Zoom permette di collegarsi direttamente con Eventbrite per la vendita di biglietti. Creando un evento su Eventbrite e utilizzando l'integrazione con Zoom, si può automatizzare il processo di vendita e registrazione.
- *- Abbonamenti e Corsi:* Per contenuti più estesi, è possibile utilizzare Zoom per sessioni live all'interno di un corso online a pagamento.
- *- Prodotti o Servizi in Offerta:* Durante il webinar, si possono presentare offerte speciali o prodotti in vendita, utilizzando la chat o le pagine di vendita integrate per raccogliere ordini.

WebinarJam
Caratteristiche e Vantaggi:

- *- Interattività Avanzata:* WebinarJam è progettato per vendere, con funzionalità come CTA a comparsa che permettono di offrire prodotti o servizi direttamente durante la sessione.

- - *Scalabilità:* Può gestire fino a 5.000 partecipanti attivi, ideale per eventi di medie-grandi dimensioni.
- - *Replay:* La funzione "Replica Replays" permette di replicare esattamente un webinar live, inclusi commenti e interazioni, per un'esperienza evergreen.
- - *Branding:* Permette la creazione di pagine di registrazione personalizzate con il proprio branding, migliorando la percezione del valore del webinar.

Strategie di Monetizzazione:

- - *Webinar Evergreen:* EverWebinar, la controparte di WebinarJam per webinar automatizzati, consente di vendere accessi a contenuti pre-registrati che sembrano live, aumentando le opportunità di vendita senza dover essere presenti in diretta.
- - *Vendita Diretta:* Con WebinarJam, è possibile inserire offerte pop-up durante il webinar, facilitando l'acquisto immediato da parte dei partecipanti.
- - *Modelli di Abbonamento*: Creando serie di webinar o corsi, si può offrire un abbonamento mensile o annuale per l'accesso illimitato.

Promozione e Vendita degli Accessi
Strategie di Promozione:

- *- Email Marketing:* Utilizza piattaforme come Mailchimp per inviare inviti personalizzati. Segmenta il tuo pubblico per aumentare la rilevanza del tuo messaggio.
- *- Social Media:* Utilizza i social network per creare buzz. Pubblicare teaser, testimonianze e ricordi dell'evento può aumentare la partecipazione. Inserire link diretti alla registrazione o a Eventbrite nei tuoi post.
- *- SEO e Contenuti*: Crea contenuti SEO-ottimizzati sul tuo blog o sito che parlino del tema del webinar. Questi post possono includere un modulo di registrazione o un link a Eventbrite.
- *- Collaborazioni*: Invita influencer o figure autorevoli nel tuo settore a partecipare o a promuovere il tuo evento. Questo non solo aumenta la visibilità ma anche la credibilità.
- *- Annunci Pagati*: Investi in pubblicità su Google Ads, Facebook Ads, o LinkedIn, mirate verso il tuo pubblico target. Usa le funzionalità di remarketing per riprendere chi ha mostrato interesse.

Vendita degli Accessi:

- - _Offerte Early Bird:_ Offri sconti per chi si registra presto, incentivando l'iscrizione anticipata e aiutando nella pianificazione.
- - _Tiered Pricing:_ Crea livelli di accesso con prezzi differenti. Ad esempio, un accesso base con solo la visione live, uno premium con accesso ai replay e materiali aggiuntivi, e uno VIP con consulenze personali.
- - _Bundling:_ Offri il webinar come parte di un pacchetto più grande, magari includendo accesso a corsi online, e-book o sconti su servizi.
- - _Referral System:_ Incoraggia i partecipanti a invitare amici con un sistema di referral dove sia tu che l'invitatore potreste ottenere vantaggi, come accessi gratuiti o sconti sul prossimo evento.
- - _Webinar su Richiesta_: Oltre ai webinar live, considera l'offerta di sessioni on-demand a pagamento per chi non può partecipare in diretta.

In conclusione, sia Zoom che WebinarJam offrono strumenti potenti per l'hosting di webinar, ma la chiave per il successo sta nella promozione efficace e nella strategia di monetizzazione. Utilizzare una combinazione di email marketing, social media, SEO, e collaborazioni può portare a una larga partecipazione. Implementare prezzi stratificati, offerte early bird, e sistemi di referral può massimizzare le entrate. Ricorda, il valore percepito dal partecipante deve sempre superare il prezzo pagato per garantire soddisfazione e ritorno sugli investimenti.

9.3: Garantire un'Esperienza di Valore:

Come Preparare e Gestire un Evento per Massimizzare l'Engagement e le Vendite

L'organizzazione di eventi online, come webinar, workshop o conferenze virtuali, richiede una pianificazione dettagliata e una gestione attenta per assicurare non solo una partecipazione elevata ma anche un'esperienza di valore che porti a un engagement duraturo e a vendite concrete. Ecco come preparare e gestire un evento per ottenere questi risultati:

1. Pianificazione Preliminare
Definizione degli Obiettivi:

- - *Educazione:* Vuoi trasmettere conoscenze? Allora il tuo focus sarà sulla creazione di contenuti educativi di alta qualità.
- - *Vendita:* Se l'obiettivo è vendere, prepara un percorso di vendita all'interno del webinar che guidi i partecipanti all'acquisto.
- - *Networking*: Per eventi volti a costruire reti professionali, considera come facilitare le interazioni tra partecipanti.

Selezione del Tema e dei Contenuti:

- - Scegli un argomento che sia sia rilevante per il tuo pubblico target che allineato con i tuoi prodotti o servizi.
- - Fai una ricerca di mercato per capire quali sono le domande più frequenti o le difficoltà che il tuo pubblico sta affrontando.

2. Preparazione Tecnica
Scelta della Piattaforma:

- - Opta per una piattaforma che supporti la qualità audio/video necessaria e offra funzionalità interattive come chat, sondaggi, Q&A.

Registrazione e Prove:

- - Registra in anticipo una demo del webinar per provare il flusso, la qualità del suono, e i tempi di presentazione.
- - Esegui prove tecniche per assicurarti che tutto funzioni senza intoppi. Questo include testare la connessione internet, microfoni, webcam, e la piattaforma stessa.

3. Marketing e Promozione
Costruire l'Attesa:

- - Crea contenuti di pre-lancio come post sui social media, blog post informativi, e video teaser.
- - Utilizza l'e-mail marketing per inviare inviti, reminder, e contenuti esclusivi che accendano l'interesse.

Promozione Diretta:

- - Offri sconti early bird, bundles con prodotti correlati, o accessi VIP per incoraggiare le registrazioni anticipate.
- - Collabora con influencer o esperti del settore per una promozione congiunta, aumentando la visibilità.

4. Engagement Durante l'Evento
Interazione:

- - *Chat e Q&A:* Incoraggia i partecipanti a fare domande e a interagire tra di loro. Nomina un moderatore per gestire queste sessioni se necessario.
- - *Poll e Sondaggi:* Usa sondaggi per coinvolgere il pubblico e ottenere feedback in tempo reale sulla loro

comprensione o preferenze.

Segmentazione dell'Evento:
- Dividi il webinar in segmenti brevi per mantenere alta l'attenzione. Ad esempio, 20-30 minuti di contenuto, seguiti da una pausa o da un'interattività.

Monetizzazione Diretta:

- - *Offerte Speciali*: Durante l'evento, offri promozioni esclusive che siano disponibili solo durante il webinar per creare un senso di urgenza.
- - *Prodotti Compatibili:* Se stai vendendo, assicurati che il prodotto o servizio presentato risponda direttamente alle esigenze o problemi esposti durante l'evento.

5. Gestione Tecnica del Giorno dell'Evento
Checklist Tecnica:

- - Verifica di nuovo la connessione, il software, e l'hardware con almeno 30 minuti di anticipo.
- - Assicurati che tutti i partecipanti possano accedere senza problemi, offrendo supporto tecnico rapido se necessario.

Moderazione:

- • - Un buon moderatore può fare la differenza. Gestisce il tempo, introduce i relatori, facilita le sessioni interattive, e mantiene il flusso dell'evento.

6. Follow-up Post-Evento
Feedback:

- • - Chiedi feedback immediato con sondaggi alla fine dell'evento. Questo non solo fornisce dati utili per migliorare, ma aumenta anche l'engagement finale.

Marketing di Seguito:

- • - Invia un'e-mail di ringraziamento con un link alla registrazione del webinar, materiali aggiuntivi promessi, e offerte speciali che erano disponibili solo durante l'evento.

Comunità e Networking:

- • - Crea o indirizza i partecipanti verso una comunità online (come gruppi su LinkedIn o Facebook) dove possono continuare a discutere e approfondire gli argomenti trattati.

7. Analisi e Miglioramento
Analisi dei Dati:

- - Analizza i dati di partecipazione, il tempo di permanenza, i tassi di conversione, e le interazioni per capire cosa ha funzionato e cosa no.

Iterazione:

- - Usa il feedback e le analisi per fare miglioramenti continui. Forse la durata del webinar può essere ottimizzata, o il contenuto necessita di essere più mirato.

8. Upselling e Continuità

- - *Webinar Evergreen*: Considera di rendere il tuo webinar disponibile in formato evergreen per continuare a vendere accessi.
- - *Serie di Webinar*: Proponi una serie di eventi per mantenere il coinvolgimento e offrire un percorso di apprendimento più approfondito.

Garantire un'esperienza di valore in un evento online significa curare ogni dettaglio dalla preproduzione alla post-produzione. Non si tratta solo di trasferire conoscenze o vendere un prodotto, ma di costruire una relazione con i partecipanti che si traduca in fiducia, engagement, e, in ultima analisi, in vendite. Ricorda, l'esperienza che offri deve essere non solo educativa o informativa, ma anche emotivamente coinvolgente, lasciando ai partecipanti il desiderio di tornare per più eventi o di acquistare ciò che offri.

Capitolo 10: Analisi e Ottimizzazione

La monetizzazione dei contenuti digitali non si ferma alla loro creazione e pubblicazione; il vero segreto del successo risiede nell'analisi continua e nell'ottimizzazione. Questo capitolo esplora come analizzare i tuoi contenuti per comprendere il loro impatto, ottimizzarli per migliorare le prestazioni e massimizzare il ritorno sull'investimento (ROI).

1. Raccolta e Analisi dei Dati
Metriche Chiave:

- - *Traffico Organico:* Il traffico proveniente dai motori di ricerca senza costi pubblicitari. Strumenti come Google Analytics offrono informazioni dettagliate su come gli utenti trovano i tuoi contenuti.
- - *Tasso di Conversione:* La percentuale di visitatori che compie un'azione desiderata, come un acquisto o l'iscrizione a una newsletter. Misurare questo dato è cruciale per capire l'efficacia dei tuoi contenuti nel generare vendite.
- - *Tempo di Permanenza:* Quanto tempo

235

gli utenti spendono sul tuo sito o pagina. Un alto tempo di permanenza indica che i tuoi contenuti sono coinvolgenti.

- - *Frequenza di Rimbalzo:* La percentuale di visitatori che lascia il sito dopo aver visto solo una pagina. Una frequenza di rimbalzo alta può segnalare contenuti non rilevanti o problemi di navigabilità.
- - *Coinvolgimento Sociale*: Condivisioni, like, commenti sui social media. Questi dati indicano il livello di engagement dei tuoi contenuti.

Strumenti di Analisi:

- - *Google Analytics*: Offre una visione approfondita del comportamento degli utenti, delle fonti di traffico, e delle conversioni.
- - *SEMrush, Ahrefs:* Utili per l'analisi SEO, la ricerca di parole chiave e l'analisi della concorrenza.
- - *Hotjar, Crazy Egg:* Forniscono mappe di calore per vedere quali parti del sito attirano più attenzione.

2. SEO On-Page e Off-Page
Ottimizzazione SEO:

- - *Keyword Research:* Usa strumenti

come Google Keyword Planner per identificare le parole chiave con alto volume di ricerca e bassa concorrenza. Adatta i tuoi contenuti per rispondere a queste ricerche.

- - *Struttura del Contenuto*: Utilizza titoli H1, H2, H3 per dare struttura ai tuoi articoli. Questo non solo aiuta la leggibilità ma anche i motori di ricerca a capire la gerarchia delle informazioni.
- - *Meta Tag:* Ottimizza i meta titoli e le descrizioni per includere parole chiave rilevanti e incoraggia i clic nei risultati di ricerca.
- - *Backlink:* Costruisci link di qualità verso il tuo sito. Collaborazioni, guest post, e citazioni in articoli di settore possono aumentare la tua autorità.
- - *Velocità di Caricamento:* Ottimizza le immagini, utilizza caching, e minimizza il codice per migliorare la velocità del sito, un fattore chiave per SEO e UX.

3. User Experience (UX) e User Interface (UI)

- - *Design Mobile-Friendly:* Con l'incremento dell'uso di dispositivi mobili, assicurati che il tuo sito sia responsivo. Google penalizza i siti non ottimizzati per mobile.

- - *Navigabilità*: Facilita la navigazione con un menu chiaro e intuitivo. Riduci al minimo i passaggi necessari per arrivare ai contenuti o ai prodotti.
- - *Interattività*: Aggiungi elementi interattivi come video, quiz, o infografiche per mantenere l'interesse dell'utente.

4. A/B Testing

- - *Testare i Titoli:* Prova diverse versioni di titoli per vedere quale attrae più click o conversioni.
- - *Call to Action (CTA)*: Varie diverse versioni di CTA in termini di testo, colore, e posizione per vedere quale funziona meglio.
- - *Layout e Design*: Confronta diverse versioni del layout della pagina per determinare quale struttura aumenta il tempo di permanenza o le conversioni.

5. Contenuti Evergreen e Aggiornamento

- - *Contenuti Sempre Verdi:* Crea contenuti che rimangano pertinenti nel tempo. Questi articoli possono continuare a portare traffico e conversioni anni dopo la pubblicazione.

- - *Aggiornamento Regolare*: Monitora e aggiorna i tuoi contenuti. Gli aggiornamenti possono migliorare la SEO e mantenere i contenuti freschi e rilevanti.

6. Analisi della Concorrenza

- - *Benchmarking:* Analizza cosa i tuoi concorrenti stanno facendo bene. Strumenti come SEMrush possono mostrare per quali parole chiave competono e quali contenuti funzionano.
- - *Gap Analysis:* Identifica le lacune nei contenuti dei tuoi concorrenti che puoi colmare con i tuoi contenuti.

7. Feedback e Adattamento

- - *Feedback Utente:* Usa sondaggi, commenti, o interviste per ottenere feedback diretto dagli utenti. Questo può guidare cambiamenti nei tuoi contenuti o nella strategia di monetizzazione.
- - *Adattamento:* Non avere paura di pivotare la tua strategia basata sui dati. Se un certo tipo di contenuto non

performa, prova nuovi formati o argomenti.

8. Monetizzazione Diretta e Indiretta

- *- Modelli di Monetizzazione*: Esamina quali modelli funzionano meglio - vendita diretta, abbonamenti, pubblicità, o affiliazione.
- *- Ottimizzazione delle Offerte:* Se usi la pubblicità, ottimizza per il miglior ROI. Se vendi prodotti, considera le offerte limitate o i bonus per creare urgenza.

Conclusione

L'analisi e l'ottimizzazione sono cicliche e continue. Ogni dato raccolto dovrebbe informare le tue decisioni future. Ricorda, il panorama digitale è in costante evoluzione, e ciò che funziona oggi potrebbe non funzionare domani. Mantenere un approccio agile, basato sui dati, e focalizzato sull'utente è la chiave per monetizzare efficacemente i tuoi contenuti digitali. Con questa strategia, non solo potrai migliorare le tue entrate ma anche creare un'esperienza utente che fidelizza i visitatori, trasformandoli in clienti ricorrenti o abbonati.

10.1: Tracciare il Successo:

Strumenti e Metriche per Capire Cosa Funziona

Nel mondo del content marketing e della monetizzazione digitale, la capacità di misurare e comprendere l'efficacia delle proprie strategie è fondamentale. Questo sottocapitolo si focalizza sugli strumenti e le metriche essenziali per tracciare il successo delle tue iniziative di monetizzazione dei contenuti digitali.

1. Definizione degli Obiettivi

Prima di immergersi in qualsiasi analisi, è cruciale delineare chiaramente gli obiettivi della tua strategia di monetizzazione. Questi potrebbero variare dall'incremento delle vendite di prodotti digitali, all'aumento del numero di abbonati, all'ottimizzazione delle entrate da pubblicità. Ogni obiettivo richiede metriche specifiche per essere monitorato efficacemente.

2. Google Analytics: Il Pilastro dell'Analisi Web

Google Analytics è uno degli strumenti più potenti a disposizione per tracciare il comportamento degli utenti sul tuo sito web. Ecco alcune metriche chiave da considerare:

- - *Visite e Sessioni*: Quante persone visitano il tuo sito e quanto tempo trascorrono su di esso.
- - *Tasso di Rimbalzo:* La percentuale di visitatori che lasciano il sito dopo aver visualizzato solo una pagina. Un alto tasso di rimbalzo può indicare che il contenuto non è abbastanza coinvolgente o che la navigazione è complessa.
- - *Fonte di Traffico:* Da dove provengono i tuoi visitatori? Questo può aiutarti a capire quali canali di marketing stanno funzionando meglio.
- - *Conversioni*: Numero di azioni desiderate (come acquisti, iscrizioni a newsletter o download di contenuti premium) che gli utenti compiono.

3. Heatmaps e Session Recording

Strumenti come *Hotjar* o *Crazy Egg* offrono insight visivi attraverso heatmaps e registrazioni delle sessioni degli utenti.

- - *Heatmaps*: Mostrano dove gli utenti cliccano, scorrono o trascorrono più tempo su una pagina. Questo può rivelare quali elementi del sito catturano l'attenzione e quali vengono ignorati.
- - *Session Recording*: Consente di vedere esattamente come un utente interagisce con il tuo sito, offrendo una comprensione diretta delle difficoltà che potrebbero incontrare.

4. Analisi delle Conversioni

Per monetizzare efficacemente, è essenziale tracciare le conversioni. Strumenti come:

- - *Google Tag Manager* per impostare tag di conversione senza modificare il codice del sito.
- - *Pixel di Facebook* o *Google Ads Conversion Tracking* per monitorare le

azioni dopo che un utente ha interagito con la tua pubblicità su queste piattaforme.

5. Segmentazione e Analisi del Pubblico

Comprendere chi è il tuo pubblico è altrettanto importante:

- - *Google Analytics* offre dati demografici e comportamentali che possono segmentare il pubblico per età, sesso, interessi, e comportamenti di acquisto.
- - *Surveys e Feedback Tools:* Come *Typeform* o *SurveyMonkey* possono raccogliere feedback diretto dagli utenti, aiutando a capire cosa apprezzano o desiderano di più.

6. Metriche di Contenuto e Engagement

- - *Engagement Rate:* Misura quanto il tuo contenuto coinvolge il pubblico. Include like, commenti, condivisioni, e tempo trascorso sul contenuto.
- - *CTR (Click-Through Rate):* Cruciale per valutare l'efficacia dei tuoi annunci o call-to-action.

7. Analisi SEO e Parole Chiave

- - *Google Search Console*: Fornisce dati su come Googlebot vede il tuo sito, le query di ricerca che portano traffico, e problemi potenziali di indicizzazione.
- - *SEO Tools come SEMrush o Ahrefs*: Aiutano a monitorare il posizionamento delle parole chiave, i backlink, e l'ottimizzazione on-page.

8. Monetizzazione Specifica

- - *AdSense Performance*: Se usi Google AdSense, devi monitorare RPM (Revenue Per Mille), CPC (Cost Per Click), e la distribuzione degli annunci per ottimizzare il guadagno.
- - *Affiliate Marketing:* Traccia le vendite e le commissioni generate attraverso i tuoi link di affiliazione usando piattaforme come *AffiliateWP*.

9. Testing e Ottimizzazione

- - *A/B Testing*: Utilizza strumenti come *Optimizely* o *Google Optimize* per testare diverse versioni di una pagina web per vedere quale performa meglio in termini di conversioni.

- - *User Feedback:* Non dimenticare l'importanza del feedback diretto degli utenti per iterare e migliorare continuamente il tuo approccio.

10. Strumenti di Monetizzazione Dedicati

- - *Patreon, Substack, o Ko-fi:* Per i creatori di contenuti che puntano su modelli di abbonamento o donazioni, questi strumenti offrono analytics integrati per tracciare i guadagni, il numero di abbonati, e l'engagement.

Conclusioni

Tracciare il successo nella monetizzazione dei contenuti digitali non è solo una questione di numeri, ma di interpretazione di questi numeri per prendere decisioni informate. Le metriche devono essere allineate con i tuoi obiettivi di business, e gli strumenti utilizzati devono fornire non solo dati quantitativi ma anche qualitativi per comprendere il "perché" dietro i comportamenti degli utenti. Ricorda, l'ottimizzazione è un processo continuo; ciò che funziona oggi potrebbe non funzionare domani, quindi l'analisi deve essere costante e adattativa.

In sintesi, per monetizzare efficacemente i tuoi contenuti, devi diventare esperto nell'usare questi strumenti e nel leggere i segnali che essi ti offrono, trasformando i dati grezzi in azioni strategiche che incrementano il tuo successo digitale.

10.2: Adattare la Strategia:

Analizzare i dati per migliorare la monetizzazione

Adattare la propria strategia di monetizzazione basandosi sull'analisi dei dati non è solo una best practice, ma una necessità nel contesto digitale contemporaneo. I dati, se interpretati correttamente, forniscono una guida inestimabile per ottimizzare le campagne, migliorare l'engagement, e, in definitiva, aumentare le entrate. Questo sottocapitolo esplora come le aziende possono utilizzare l'analisi dei dati per adattare efficacemente le proprie strategie di monetizzazione dei contenuti digitali.

L'Importanza della Data Strategy

Una _Data Strategy_ è il fondamento su cui si basa l'adattamento di qualsiasi strategia di business, inclusa quella di monetizzazione. Essa comprende la definizione di obiettivi chiari legati ai dati, la raccolta e la gestione delle informazioni, e l'uso di questi dati per decisioni strategiche. Nell'era digitale, dove i dati sono spesso paragonati al "nuovo petrolio", la capacità di un'azienda di estrarre valore da essi è cruciale.

- - *Definizione degli Obiettivi:* Prima di analizzare qualsiasi dato, è essenziale avere obiettivi ben definiti. Questi possono includere migliorare la fidelizzazione dei clienti, aumentare le vendite di prodotti digitali, ottimizzare le entrate pubblicitarie, o incrementare la base di abbonati.
- - *Raccolta e Gestione dei Dati:* La raccolta deve essere sistematica e conforme alle leggi sulla privacy come il GDPR. I dati devono essere puliti, organizzati e accessibili per analisi successive. Strumenti come Google Analytics, ma anche piattaforme di Customer Data Platform (CDP), sono utili per centralizzare i dati da diverse fonti.

Strumenti di Analisi

Gli strumenti di analisi sono il cuore di ogni strategia basata sui dati:

- - *Google Analytics:* Offre una visione panoramica del comportamento degli utenti sul sito web, monitorando metriche come le visite, il tempo di permanenza, il tasso di rimbalzo, e le fonti di traffico. Utilizzando le sue funzionalità di segmentazione avanzata, è possibile identificare quali contenuti generano maggiore engagement o conversioni.

- - *Piattaforme di Social Media Analytics:* Strumenti come Hootsuite Analytics o Socialbakers permettono di tracciare le performance dei contenuti su vari canali social, cruciali per adattare la strategia di content marketing.
- - *Heatmaps e Session Recording:* Soluzioni come Hotjar forniscono insight visivi sul comportamento degli utenti, rivelando quali parti del sito attirano l'attenzione e quali sono ignorate.
- - *A/B Testing Tools:* Google Optimize o VWO consentono di sperimentare diverse versioni di una pagina web o di un contenuto per determinare quale performa meglio in termini di conversioni.

Analisi e Interpretazione dei Dati
L'analisi dei dati non è solo una raccolta di numeri; è l'interpretazione di questi numeri in

un contesto aziendale:

- - *Segmentazione del Pubblico*:
  Analizzando i dati demografici e comportamentali, puoi segmentare il tuo pubblico per offrire contenuti o prodotti più personalizzati, aumentando così la probabilità di monetizzazione.
- - *Analisi del Ciclo di Vita del Cliente*:
  Comprendere il percorso del cliente dall'acquisizione alla fidelizzazione aiuta a identificare i punti di contatto critici dove intervenire per aumentare il valore del cliente nel tempo.
- - *Metriche di Performance*: Tasso di conversione, costo per acquisizione (CPA), valore del ciclo di vita del cliente (CLV), e ritorno sull'investimento (ROI) sono metriche chiave da monitorare per valutare l'efficacia delle strategie di monetizzazione.

Adattare la Strategia
L'adattamento della strategia implica:

- - *Ottimizzazione dei Contenuti:*
  Basandosi su quali contenuti generano più engagement o vendite, si può decidere di investire più risorse in certi tipi di contenuto o formati. Ad esempio,

se i video generano più interazioni rispetto ai post testuali, si può incrementare la produzione di video.

- - *Timing e Pubblicazione:* Analizzando quando il pubblico è più attivo, è possibile programmare la pubblicazione di contenuti per massimizzare l'esposizione e le interazioni.

- - *Personalizzazione*: Utilizzando i dati per creare esperienze utente personalizzate, si può migliorare la customer experience, aumentando la propensione all'acquisto o all'abbonamento.

- - *Strategie di Prezzo Dinamico*: Per i contenuti premium o i servizi in abbonamento, analizzare la disponibilità a pagare può portare ad una strategia di prezzo che massimizza il revenue senza alienare il pubblico.

- - *Feedback Loop:* Implementare un feedback loop continuo dove i dati di performance influenzano immediatamente la strategia è essenziale. Se una campagna non sta raggiungendo gli obiettivi, gli insights dai dati dovrebbero portare a un rapido adattamento.

Implementazione e Monitoraggio Continuo

Adattare la strategia non è un evento una tantum ma un processo continuo:

- - *Test e Iterazione:* Attraverso test A/B, segmentazione, e analisi di coorte, si possono fare ipotesi informate e testarle in tempo reale.
- - *Machine Learning e Intelligenza Artificiale*: Queste tecnologie possono predire trend e comportamenti futuri, permettendo una strategia proattiva piuttosto che reattiva.
- - *Dashboard Operativi*: Usare dashboard per monitorare in tempo reale le performance delle strategie implementate, consentendo di adattare rapidamente le tattiche.
- - *Formazione e Cultura Dati:* Assicurarsi che il team aziendale comprenda l'importanza dei dati e sappia come utilizzarli per prendere decisioni. La formazione continua può trasformare ogni dipendente in un agente di adattamento strategico.

Conclusione

Adattare la strategia di monetizzazione

attraverso l'analisi dei dati richiede una combinazione di tecnologia, insight umano, e una cultura aziendale orientata verso l'innovazione basata sui dati. Le aziende che riescono a farlo non solo migliorano le loro entrate ma creano anche un vantaggio competitivo duraturo. Questo processo di adattamento deve essere visto come un ciclo continuo di raccolta, analisi, iterazione e apprendimento, dove ogni dato raccolto è un'opportunità per rifinire e migliorare la strategia di monetizzazione. Nell'era digitale, la capacità di adattarsi rapidamente e intelligentemente utilizzando i dati non è solo vantaggiosa, è indispensabile per il successo.

10.3: Evitare Gli Errori Comuni:

Lezioni apprese da chi ha monetizzato con successo

Il percorso verso la monetizzazione dei contenuti digitali è spesso costellato di insidie e potenziali errori che possono compromettere il successo di un progetto. Tuttavia, l'esperienza di coloro che hanno già navigato queste acque turbolente può fornire preziose lezioni su come evitare i tranelli più comuni. Questo sottocapitolo esplora alcune delle principali lezioni apprese da esperti di monetizzazione digitale, offrendo una guida per chi desidera trasformare i propri contenuti in una fonte di reddito sostenibile.

1. Sottovalutare la Pianificazione e la Ricerca di Mercato

Una delle prime lezioni che emerge da chi ha successo nel campo della monetizzazione digitale è l'importanza di una pianificazione meticolosa e della ricerca di mercato approfondita.

Lezione Pratica: Prima di lanciare qualsiasi contenuto o prodotto, è cruciale comprendere bene il proprio pubblico e le sue esigenze. Questo significa:

- - *Segmentazione del Mercato:* Identificare chi sono i vostri clienti ideali e cosa cercano.
- - *Analisi della Concorrenza:* Studiare cosa offrono i competitor e come potete differenziarvi.

- - *Validazione dell'Idea*: Testare il mercato con MVP (Minimum Viable Product) o contenuti pilota per vedere se c'è interesse.

Molti fallimenti derivano dall'assunzione che un'idea, per quanto brillante possa sembrare, avrà automaticamente un mercato.

2. Mancanza di Diversificazione

Un errore frequente è mettere tutte le uova in un solo paniere, affidandosi esclusivamente a una singola fonte di reddito o piattaforma.

Lezione Pratica:

- - *Diversificazione dei Canali di Monetizzazione*: Non limitarsi solo ad AdSense o a un unico programma di affiliazione. Considerare l'abbonamento, le donazioni, la vendita diretta di prodotti digitali, e collaborazioni con marchi.
- - *Diversificazione del Pubblico:* Non dipendere da una sola piattaforma social o canale di traffico. Costruire una presenza su più piattaforme per ridurre il rischio di dipendenza da algoritmi

variabili.

Questo approccio non solo mitiga i rischi ma può anche aumentare il potenziale di guadagno quando una fonte di reddito performa inaspettatamente bene.

3. Ignorare l'Engagement e la Qualità del Contenuto

La tentazione di mettere quantità davanti a qualità può essere forte, specialmente nelle fasi iniziali quando si cerca di costruire un'audience.

Lezione Pratica:

- - *Qualità Prima di Tutto*: Contenuti di alta qualità che rispondono ai bisogni del pubblico attraggono e trattengono gli utenti più efficacemente.
- - *Engagement Conta:* Non è solo il numero di visualizzazioni che conta, ma quanto il pubblico interagisce con il tuo contenuto. Commenti, condivisioni, e tempo speso sul sito sono indicatori chiave.

4. Trascurare l'Importanza della Comunicazione e del Branding

Molti creatori di contenuti non si concentrano abbastanza sul branding e sulla comunicazione coerente, elementi chiave per costruire fiducia e riconoscimento del marchio.

Lezione Pratica:

- *- Stabilire un'Identità di Marca:* Assicurarsi che il branding sia chiaro, coerente e rifletta i valori del proprio pubblico.
- *- Comunicazione Regolare*: Mantenere un dialogo costante con il pubblico attraverso newsletter, aggiornamenti sui social media, e risposte ai commenti può aumentare la fedeltà.

5. Sovrastima delle Competenze Internamente

L'idea di fare tutto da soli può limitare significativamente la crescita e la qualità di un progetto di monetizzazione.

Lezione Pratica:

- - *Delega:* Quando possibile, delegare o collaborare con esperti in ambiti come

  SEO, design grafico, o sviluppo web può portare a risultati migliori.

- - *Team Building:* Costruire un team, anche piccolo, con competenze

  complementari può accelerare lo sviluppo e l'ottimizzazione dei contenuti.

6. Non Adattarsi al Cambiamento

Il mondo digitale è in continua evoluzione, e ciò che funziona oggi potrebbe non funzionare domani.

Lezione Pratica:

- - *Adattabilità:* Essere pronti a pivotare la strategia se le metriche mostrano che certe tattiche non stanno più funzionando.
- - *Aggiornamento Costante:* Tenersi informati sulle nuove tendenze, strumenti, e piattaforme per sfruttare

nuove opportunità di monetizzazione.

7. Errore nel Gestire le Finanze

Molti creator sottovalutano l'importanza di una gestione finanziaria rigorosa, che può portare a una crescita non sostenibile o a fallimenti.

Lezione Pratica:

- - *Gestione del Budget*: Monitorare entrate e uscite con attenzione, reinvestendo con saggezza e pianificando per i periodi di magra.
- - *Pianificazione Fiscale*: Essere consapevoli delle implicazioni fiscali della monetizzazione e pianificare di conseguenza per evitare sorprese.

8. Non Investire nella Crescita Personale e Professionale

Infine, l'idea che una volta raggiunto il successo non ci sia più nulla da imparare è un errore comune.

Lezione Pratica:

- - *Formazione Continua:* Investire in sé stessi attraverso corsi, webinar, workshop, e networking può aprire nuove porte e migliorare le capacità di monetizzazione.

- - *Feedback:* Accettare e utilizzare il feedback come strumento di crescita personale e professionale.

In conclusione, il successo nella monetizzazione dei contenuti digitali non è solo questione di creare contenuti eccellenti, ma anche di evitare errori comuni attraverso un apprendimento continuo dalle esperienze proprie e altrui. Ogni errore è un'opportunità per crescere, ma l'obiettivo deve essere prevenire gli errori attraverso una strategia ben ponderata, una continua adattabilità, e un impegno verso l'eccellenza in ogni aspetto dell'attività digitale.

www.ingramcontent.com/pod-product-compliance
Lightning Source LLC
Chambersburg PA
CBHW071448220526
45472CB00003B/715